Sur les hauts plateaux mexicains

avec un aperçu de Cub

William Seymour Edwards

Writat

Cette édition parue en 2023

ISBN : 9789359258225

Publié par
Writat
email : info@writat.com

Contenu

AVANT-PROPOS

Ces pages contiennent les impressions d'un voyageur occasionnel : quelques lettres écrites à mes amis.

Sur les hautes terres tempérées du Mexique, à un mille et plus au-dessus de la mer, j'étais étonné et ravi de la salubrité du climat, de la fertilité du sol, de la luxuriance des arbres et des plantes, de la splendeur et de la beauté des villes, de l'intelligence et du progrès. du peuple, l'ordre et la bienfaisance du gouvernement.

À Cuba, j'ai attrapé le sentiment nouveau-né de liberté et d'ordre, et en même temps j'ai été curieusement en contact avec des dirigeants rétifs, qui, même alors, annonçaient hardiment leur intention de comploter et de détruire cette liberté et cet ordre par une révolution sinistre, si leurs esprits sauvages trouvaient il n'y a pas d'autre moyen de prendre et de conserver le commandement.

S'il y a quelque chose parmi ces lettres qui puisse intéresser le lecteur, j'en accueillerai un autre dans le petit cercle pour la lecture duquel elles ont été écrites à l'origine.

William Seymour Edwards.

Charleston-Kanawha, Virginie occidentale,

1er novembre 1906.

I
Impressions de vol entre Charleston-Kanawha et la Nouvelle-Orléans

Lorsque le New York and Cincinnati Flyer (le « FFV Limited ») est arrivé à Charleston hier, il avait une heure de retard et une foule considérable attendait de monter à bord. M'accompagnèrent jusqu'à Kenova D, H et huit ou dix des « garçons ». Ils transportaient tous des Winchesters et devaient faire un voyage dans les montagnes de Mingo et McDowell, sur la ligne du Kentucky, pour capturer un alambic Moonshine qui, disait-on, faisait de belles affaires en vendant aux mines. D voulait que je l'accompagne et m'a proposé une carabine ou un fusil de chasse, selon mon choix. Ce sont tous de grands hommes, qui aiment la bagarre, ce qui signifie donner et recevoir la mort, et n'ont peur que des embuscades. Je porte encore dans ma poche la balle à nez plat que D a tirée du fusil de Johnse Hatfield il y a deux ans, lorsqu'il l'a surpris à l'affût derrière un rocher, guettant Doc. Ellis à sortir de sa porte d'entrée. Johnse a ensuite été pendu à Pikeville pour d'autres crimes. Puis, quelques mois plus tard, son frère « Lias », juste pour se venger, s'en est pris à Doc. Ellis alors qu'il sortait d'une voiture Pullman. Maintenant, on dit que « Lias » recherche également D, mais D dit qu'il est aussi habile avec son arme que « Lias », si seulement il peut obtenir un bon spectacle. D est le capitaine de ce raid et promet de m'apporter des gages d'une récolte réussie, mais je crains qu'un de ces jours, lui ou un autre des « garçons » ne revienne pas à Charleston.

À Ashland, ma voiture de Louisville était attachée au train de Lexington, et nous tournâmes à gauche sur la longue pente et nous plongâmes bientôt dans la région montagneuse de l'est du Kentucky. Voici une terre rude et rude, un sol jaune et pauvre, sous des kilomètres de forêt dont les gros bois ont depuis longtemps été abattus. Çà et là, de petites clairières contiennent des cabanes en rondins, des cabanes et de la terre qui doit toujours produire des récoltes aussi médiocres que les hommes qui la cultivent. Nous traversions le pays des vendettas. Dans les petites gares, des hommes longs, élancés et anguleux étaient rassemblés, assez souvent avec un fusil ou un fusil de chasse Winchester dans leurs mains osseuses. Il y a seulement deux ou trois ans, l'un de ces trains de voyageurs a été « retenu » par une bande armée de fusils, qui a trouvé l'homme qu'ils cherchaient accroupi au bout du fumoir et l'a immédiatement abattu. et là, mais pas avant d'avoir tué deux ou trois des assassins.

J'étais monté dans la voiture fumante, car c'est dans les wagons de jour qu'on rencontre les gens de la campagne en voyage. Je m'étais assis à côté d'un grand vieillard aux cheveux blancs qui fumait silencieusement un cigare, comme en fabriquent les producteurs de tabac locaux de cette région montagneuse. Il avait l'air d'un homme important. Il était vêtu d'un jean fait maison et portait l'habituel chapeau de feutre souple. Il avait un visage fort et autoritaire, avec un menton large et carré et un œil bleu qui exprimait la gentillesse, tout en suggérant une sévérité inexorable. Je lui ai donné mon nom et je lui ai dit où j'habitais et où j'allais, me présentant comme il faut toujours le faire lorsqu'on parle à ces montagnards. Il était républicain, comme moi, disait-il, et avait été plusieurs fois shérif de son comté ; mais c'était il y a de nombreuses années et il se déclarait désormais « un homme de paix ». Nous avons parlé des vendettas et il m'a parlé de plusieurs de ces drames. Quand j'ai eu l'audace de lui demander s'il avait déjà eu des « problèmes » lui-même, il a répondu : « Non, pas vraiment ; » puis il sortit lentement de la poche de son pantalon un petit sac en peau de daim, et déroula la lanière de cuir avec laquelle il était solidement noué. Après l'avoir ouvert, il en sortit trois morceaux de plomb difformes et me les tendit en remarquant : « Il y a bien longtemps, je les ai coupés comme morceaux de plomb, et quatre autres du même genre, dans ma patte d'ours. ", en frappant sa main sur sa cuisse droite. « Mais où sont les quatre autres ? J'ai demandé. Pendant un instant, les yeux bleus se dilatèrent et brillèrent alors qu'il répondait: "Je les ai fondus en balles, et je les ai renvoyés d'où ils jouissent." « L'avez-vous tué ? J'ai demandé. Les mâchoires carrées s'écarquillèrent sinistrement et il dit : « Wall, je ne dis pas que je l'ai tué, mais on ne l'a pas vu depuis ce moment. Je lui offris un de mes meilleurs cigares et abordai le sujet des chevaux du Kentucky. Il se rendait à Lexington, dit-il, pour assister aux ventes de chevaux la semaine prochaine et il m'a supplié de « partir avec lui », car il était sûr que j'y « trouverais une bête » que je serais ravi de posséder. J'ai promis de lui rendre visite un jour à mon retour, et il s'est porté garant de me recevoir avec toute l'hospitalité pour laquelle les montagnards du Kentucky, ainsi que les gentlemen du blue grass, sont célèbres.

Après avoir traversé la région des collines, nous nous sommes dirigés vers un pays avec un meilleur sol, des terres plus généralement défrichées et beaucoup d'herbe. C'était la célèbre section de blue grass du Kentucky, et à la tombée de la nuit, nous étions à Lexington. Des lumières scintillantes étaient tout ce que je pouvais voir de la célèbre ville. Les gens qui se trouvaient sur le quai de la gare étaient bien habillés et avaient l'air bien nourris, et un certain nombre d'hommes costauds montèrent à bord.

CABINE EN ROND DE KENTUCKY MOUNTAINEER

Nous sommes arrivés à Louisville avec une demi-heure de retard. Heureusement, car nous n'avons dû attendre qu'une heure le train pour Memphis, via Paducah. Deux dames, assises derrière moi lorsque je suis monté dans la voiture à Charleston, se sont tenues à côté de moi lorsque j'ai obtenu mon billet dans la couchette Memphis et ont pris la section à côté de la mienne. J'avais eu l'intention de changer de train à Memphis, de prendre le Yazoo Valley Railway et de passer par Vicksburg, pensant pouvoir apercevoir un peu du fleuve Mississippi ; mais le matin j'ai rencontré un jeune ingénieur de l'Illinois Central Railroad, qui m'a dit que cette route avait une très mauvaise voie, les wagons étaient en mauvais état, les trains lents, tandis que la ligne elle-même se trouvait à dix ou douze milles en retrait de la rivière, donc que je ne devrais jamais le voir ; par conséquent, j'ai décidé de m'en tenir au train rapide avec lequel j'avais commencé et de continuer jusqu'à la Nouvelle-Orléans par la route directe passant par le centre du Mississippi.

Quand je me suis réveillé, nous filions vers le sud à travers le vaste et plat pays de l'ouest du Tennessee. Nous avons traversé des hectares de tiges de maïs dont les aspérités (les feuilles du maïs) et les épis avaient été arrachés, à travers de larges étendues de souches de tabac, et roulées ici et là près d'un champ blanc de coton.

Dans les toilettes du dormeur, je me suis retrouvé seul avec un énorme planteur à la barbe noire et aux cheveux bouclés, qui tour à tour buvait des gorgées dans une gigantesque fiole d'argent et dénonçait férocement le gouverneur de l'Indiana pour avoir refusé de livrer l'ex-gouverneur Taylor à les myrmidons de la loi du Kentucky, pour y être jugés par un jury complet pour l'assassinat du gouverneur Goebel. Je me suis finalement senti incapable de garder le silence plus longtemps et lui ai dit que je ne voyais pas la justesse de sa position, et lui ai rappelé que les gouverneurs des États voisins de Virginie occidentale, de l'Ohio et de l'Illinois avaient publiquement exprimé leur approbation du gouverneur de l'Indiana. , et leur désapprobation des méthodes politiques alors en vigueur dans le Kentucky. Il me regarda fixement, d'un air quelque peu surpris, puis, étendant sa gourde, me pria de prendre un verre avec lui. Il ne parla ensuite plus de politique, mais parla pendant une demi-heure des cultures de tabac et de coton de l'ouest du Tennessee.

Nous sommes arrivés à Memphis vers dix heures du matin et nous y sommes arrêtés quelque temps. Dans la grande et sale gare, je me sentais déjà dans un autre pays que la Virginie occidentale.

Memphis, du peu que j'en ai vu, semblait être une ville dispersée et délabrée, avec de larges rues poussiéreuses et de nombreux bâtiments délabrés et décousus. Les gens avaient perdu l'aspect rose et chaleureux du pays de l'herbe bleue, et étaient pâles et jaunâtres, tandis que partout les nègres aux teintes d'ébène étaient de plus en plus nombreux. Nous passions de la latitude des mulâtres à celle des noirs de jais, des Africains de sang pur.

RÉCOLTE DU COTON—MISSISSIPPI

En quittant Memphis, nous avons tourné vers le sud-est puis plein sud, à travers les parties centrales de l'État du Mississippi. Ici s'étend un pays plat, avec un sol mince et jaune en maïs et en coton. Partout se trouvaient des multitudes de nègres, tous noirs comme la nuit. Des femmes et des enfants noirs récoltaient du coton dans les champs. Il y avait de vastes étendues de terres apparemment abandonnées, autrefois cultivées, dont une grande partie poussait maintenant dans des sous-bois et une grande partie était blanche de semis de coton mûr. Dans de nombreux endroits, les Noirs récoltaient ce coton, apparemment pour eux-mêmes. Il y avait quelques petites villes, à de longs intervalles. Partout des balles de coton s'entassaient sur les quais des gares ; généralement les grosses balles à l'ancienne, parfois les petites balles fabriquées par la compresse moderne. C'est la saison de navigation, et nous croisions fréquemment des équipes de quatre ou six mules, tirant de gros wagons remplis de balles de coton en direction des gares. Nous traversâmes de grandes forêts de pins jaunes à longues feuilles, entrecoupées de beaucoup de peupliers et de magnolias, tandis que les feuilles du sumach marquaient d'un rouge vif les divisions des clairières et des champs. La journée était sombre et nuageuse et un frisson persistait dans l'air. Les deux voyageuses restaient assises toute la journée avec leurs rideaux baissés et ne quittaient jamais leurs livres. Les paysages et la vie du Mississippi ne les intéressaient pas.

En fin d'après-midi, nous avons traversé la capitale du Mississippi, Jackson, et avons pu apercevoir au loin les murs s'élevant du nouveau palais d'État, un bâtiment en pierre blanche avec quelques prétentions. Ici, un certain nombre d'Italiens et de Juifs, bien habillés et visiblement aisés, sont entrés dans notre voiture-lit *en route* vers la Nouvelle-Orléans. On dit que le commerce du Mississippi est maintenant presque entièrement entre les mains des Juifs et des Italiens. Ces derniers, originaires de la Nouvelle-Orléans, acquièrent de nombreuses plantations dans le Mississippi et en Louisiane et, dans de nombreux cas, éloignent les Noirs du travail dans les plantations en raison de leur intelligence, de leur industrie et de leur économie supérieures. Une accalmie dans l'immigration italienne a suivi le massacre des conspirateurs de la mafia à la Nouvelle-Orléans il y a quelques années, mais cette tragédie est maintenant complètement oubliée et un afflux constant d'Italiens d'un meilleur type s'est installé.

Dans le wagon-restaurant, je me suis assis au déjeuner de midi avec un homme d'une quarantaine d'années au visage rond et aux manières agréables, avec qui j'ai commencé à discuter à table. Il était écrivain et faisait partie de l'équipe d'un mensuel occidental et connaissait bien le pays que nous traversions. Il m'a signalé des lieux d'intérêt local alors que nous nous précipitions vers le sud, tandis que de nombreux incidents historiques se réveillaient dans mon esprit. Toute cette terre de marécages, de bayous et de champs de coton avait été conquise et conquise par les armées rivales pendant la guerre civile. Ici, Grant combattit Johnston et remporta ses premiers grands triomphes stratégiques lors de la prise de Vicksburg. Ici, les planteurs de coton d'autrefois vivaient comme des seigneurs et applaudissaient leurs sénateurs au Congrès pour avoir déclaré publiquement que « le Mississippi et la Louisiane ne voulaient pas de routes publiques ». Ici, l'Espagne et la France se disputèrent la suprématie et finirent par céder à l'avancée irrésistible du pionnier américain anglophone, poussant vers le sud-ouest depuis la Géorgie, la Caroline et le Tennessee.

C'était toujours le même plat pays lorsque, vers le crépuscule, nous entrâmes en Louisiane. A la première station où nous nous arrêtâmes, un vieil homme proposait à la vente des cruches de « mélasse nouvelle » et des bâtonnets de canne à sucre : premier indice que nous étions sûrement sous la latitude des gelées.

C'était une nuit sombre, aucune étoile n'était visible, seul un éclair de lumières électriques lointaines nous annonçait que nous approchions de la Nouvelle-Orléans. Nous étions en ville avant que je m'en rende compte. Traversant rapidement de nombreuses rues non éclairées, nous nous trouvâmes soudain parmi des maisons faiblement éclairées, puis nous pénétrâmes dans un ancien dépôt, un bâtiment en bois encore plus délabré que celui de Memphis. Nous fûmes instantanément entourés par une nuée de nègres. Il y en avait des hectares avec à peine un visage blanc visible. J'ai désigné l'un des noirs basanés comme le portier du nouvel hôtel Saint-Charles. En lui remettant mes bagages, j'ai été piloté jusqu'à un bus à l'ancienne et j'ai rapidement roulé dans des rues bien asphaltées au milieu de lumières électriques, et je me suis retrouvé dans les rues d'une très grande ville. Depuis la large Canal Street, nous avons emprunté une ruelle étroite et nous sommes arrêtés devant un bel hôtel moderne. Il s'agit d'un édifice de fer, de pierre et de tuiles, sans bois dans sa structure, grand, spacieux et rempli d'invités, la principale hôtellerie de la Nouvelle-Orléans, et digne des conditions modernes qui prévalent actuellement dans cette métropole hispano-franco-américaine. des États du Golfe.

II
La vie et les couleurs de la Nouvelle-Orléans

LA NOUVELLE-ORLÉANS, LA LOUISIANE,

16 novembre.

Après un dîner bien servi dans la spacieuse salle à manger de l'hôtel, où des palmiers et des orangers jaunes de fruits mûrs et exhalant le parfum des plantes vivantes étaient disposés dans de grands pots, j'allumai mon cigare et me promenai sur l'étroite rue Saint-Pierre. Rue Charles. Suivant le flot des voyages, je me trouvai bientôt sur cette artère principale de la vie de la ville, boulevard, avenue et artère commerciale tout en une seule : la majestueuse rue du Canal. Il était rempli d'une multitude se déplaçant lentement, qui coulait, reflux et tourbillonnait, profitant de l'air doux et chaud sous les lumières électriques et les étoiles. J'en ai rapidement fait partie, prenant plaisir à sa compagnie tranquille.

Mon visage typique était celui du sud latin sombre et basané, et les hommes de grande taille étaient rarement rencontrés. Parmi les promeneurs bavards et de bonne humeur de Canal Street, il n'y a aucune de la hâte qui caractérise le « Rialto » animé de New York ; aucun de la précipitation et de la confiture qui vous bousculent dans la brusque Chicago. A la Nouvelle-Orléans, il règne un air d'aisance et de contentement dans les déplacements des plus mal vêtus. Même les mendiants n'ont pas l'énergie nécessaire pour être importuns.

Plus tard, traversant la large artère, je me trouvai aussitôt parmi les rues étroites, les *rues* du *Vieux Carré*, le *Quartier Français*, le *Quartier* maintenant, mais autrefois tout ce qu'il y avait de la Nouvelle-Orléans. La transition a été brutale. Les bâtiments évoquaient Québec, Montréal et la Vieille France. Les balcons s'accrochaient aux deuxièmes étages, les hauts murs en pisé et en stuc étaient traversés par des portes étroites et fermées, les fenêtres grillagées regardaient le passant, et de temps en temps, j'imaginais derrière leurs jalousies l'éclair d'yeux sombres. Mon oreille aussi a capté des accents doucement sonores qui sont étrangers aux palatins et sifflantes plus dures de l'anglais. Sous un arc électrique éclatant, deux pickaninnies basanés lançaient des cuivres et éjaculaient avec impatience dans un français doux et curieux. Un homme et une femme s'amusaient dans une boucherie du coin, le vendeur et l'acheteur vociférant tous deux dans une langue inconnue. J'entendais, pour la première fois, le patois créole de la vieille Nouvelle-Orléans.

rue étroite – toutes les rues sont *des rues* et ici toutes *les rues* sont étroites – il y avait de nombreuses lumières brillantes. C'était la *rue* ——— où les cafés, les cavistes et les restaurants tranquilles abondent. Lors de ma dernière visite à New York, MB m'avait posté et m'avait dit : « Si jamais vous êtes à la

Nouvelle-Orléans, allez au Café ———. Allez-y et si vous avez envie de goûter un pompano avant de mourir, un pompano cuit comme seul un mortel sur cette terre peut faire l'affaire, allez-y et murmurez au chef *que* 'je suis votre ami'. » Alors je suis allé et J'ai trouvé le *chef* et depuis, je rêve de ce poisson. La pièce était grande ; son sol était sablé et scrupuleusement propre. De nombreuses petites tables étaient dressées le long des murs. Des fringales de faim m'ont saisi à l'instant où j'ai regardé par cette porte. J'ai eu encore plus faim en m'asseyant et en observant le zeste et le goût avec lesquels ceux autour de moi rangeaient chaque morceau délicat. J'étais prêt pour ce pompano quand il est enfin arrivé. J'ai mangé ce poisson à New York, à Baltimore, à Washington et à Richmond, et à mesure que j'avançais vers le sud, la délicatesse de sa chair et de sa saveur grandissait. Aujourd'hui, le long saut jusqu'à la Nouvelle-Orléans m'a offert cette joie gourmande fraîchement sortie des eaux du Golfe. J'ai mangé avec un plaisir lent et tranquille, laissant mon palais amoureux se délecter de la symphonie des saveurs, en sirotant mon bordeaux et en observant l'étrange compagnie qui remplissait la pièce. Les hommes étaient pour la plupart en tenue de soirée : avocats, banquiers et hommes d'affaires. Ils revenaient du théâtre ou, peut-être, avaient passé la soirée à jouer aux cartes. A certaines tables il n'y avait que des hommes, à d'autres des dames étaient présentes, jeunes, jolies et, pour la plupart, élégamment vêtues. Les yeux noirs dominaient parmi ces belles, et çà et là il me semblait percevoir l'écho, dans certains de leurs teints, de cette splendeur plus chaude des tropiques que donne si souvent un trait de sang africain mêlé au blanc, et ce qui a rendu les demoiselles octoroon de la Nouvelle-Orléans célèbres pour leur beauté éclatante dans le monde entier. C'était une compagnie gaie, pleine de bavardages, de rires et de manières aimables – la grâce du sang latin bien élevé.

Quand enfin mon pompano disparut, et le bordeaux disparu, et que je quittai à regret l'abri de *La* ... il était midi sonné depuis longtemps, et pourtant le café était toujours bondé et le *Vieux Carré* était allumé et agité comme si c'était tôt dans la nuit. En traversant à nouveau Canal Street, j'ai trouvé la ville américaine sombre et silencieuse. Je me dirigeai précipitamment vers l'hôtel, mes pas résonnant de ce creux étrange et réverbérant qui marque le pas dans la rue déserte de la ville à minuit.

Le matin, je me levais de bonne heure, prenant une tasse de café et un petit pain, puis je descendais la rue Saint-Charles et traversais le Canal jusqu'à la rue *Royale* , passant les portes ouvertes de l'ancien jardin du couvent des Ursulines, aujourd'hui le Palais de l'Archevêché, et tourner dans la *rue* St. Petre, puis dans Jackson Square. L'air était frais. Le monde n'était pas encore tout à fait réveillé. Les jardiniers avec leurs charrettes à eau donnaient le bain matinal aux pelouses et aux fleurs du parc. Un policier aux manières amicales venait de sortir deux vagabonds de leur sommeil nocturne, leur ordonnant de repartir. Je me suis assis sur un banc de pierre près de l'endroit où ils avaient dormi et j'ai regardé la vieille cathédrale hispano-française de Saint-Louis et les bâtiments municipaux des tribunaux, le Cabildo et l'Hôtel de Ville, monuments architecturaux d'un passé déjà sombre. Les carillons sonnaient matines et les dévots entraient dans la première messe.

STATUE DE JACKSON—LA NOUVELLE-ORLÉANS

J'observais les groupes qui se précipitaient, réfléchissant pendant ce temps à l'image devant moi. Ici, les Canadiens de Bienville, Cadillac et Aubry et leurs homologues français, ainsi que les capitaines généraux espagnols, de Don Juan de Ulloa à Don Manuel Salcedo, avaient offert leurs remerciements pour être arrivés sains et saufs après de dangereux voyages à travers des mers inexplorées. Ici, Don Antonio O'Rielly, le meurtrier gouverneur irlandais de La Havane, avait ordonné à ses mousquetaires espagnols de fusiller à mort les patriotes créoles, Lafrenière, Milhet, Noyant, Marquis, Caresse, cette bande dévouée qui refusait de croire que Monsieur le duc de Choiseul et Sa Majesté Louis XV, *le bien aimé*, avait vendu secrètement et de sang-froid la belle province de Louisiane à l'Espagne. Ici, le citoyen Laussat, par ordre de Napoléon, avait cédé la grande province de la Louisiane au général

Wilkinson et au gouverneur Claiborne, commissaires de Thomas Jefferson, qui ajoutaient ainsi un empire à la domination du jeune gouvernement des États-Unis. Ici aussi, on avait célébré avec tant de pompe et de fanfare la victoire des fusiliers frontaliers d'Andrew Jackson sur les vétérans de la péninsule de Pakenham. L'historique Place d'Armes a été rebaptisée Jackson Square, et « Old Hickory » monte désormais son grand cheval au milieu d'un joli jardin municipal. Au cours des années suivantes, le maire confédéré et le général fédéral avaient également affiché leurs décrets et proclamations, parmi lesquels le fameux « Ordre général n° 28 », dans lequel le vaillant général prétendait enseigner les bonnes manières aux dames et demoiselles de la Nouvelle-Orléans, et a ainsi gagné le surnom de « Beast Butler ».

Les fidèles revenaient de la messe. Ma rêverie était terminée. Je me suis levé et, traversant la place, je me suis dirigé vers Decatur Place en direction du vieux marché français au bord de la rivière. J'y trouvai beaucoup de choses qui me rappelaient le grand *Marché Central* que j'avais visité un matin tôt à Paris. Il y avait la même délicatesse et le même soin dans la disposition et la présentation des légumes, le même goût et la même habileté dans la présentation des fleurs, qui font partout la gloire de la Nouvelle-Orléans. Il y avait des boisseaux de roses, la Maréchale Neil, la somptueuse Drap d'Or parmi les plus splendides. Ici aussi, les bouchers portaient les viandes sur la tête, comme en France, et les poissons et les gibiers étaient tout aussi alléchants. Mais les gens du marché, bien que parlant la langue française, étaient très différents. Les teintes basanées des tropiques étaient ici évidentes. Des négresses noires comme la nuit m'ont fait *bonjour !* Les vendeurs et les porteurs étaient d'ébène ou de mulâtre, et même les acheteurs étaient en grande partie teintés de sang africain, tandis que le français qu'ils parlaient était un discours que je pouvais difficilement comprendre. Le tintement nasillard aigu de Paris s'était grandement atténué, et leur « u » avait perdu cette certaine liquidité difficile que les bouches anglaises et américaines trouvent presque impossible d'atteindre. De curieux chariots à deux roues chargés de bidons de lait en laiton commençaient leur tournée matinale, et de plus petits chariots à deux roues étaient chargés de légumes, de viandes et de poissons pour le colportage de la journée dans toute la ville. Les fardeaux n'étaient pas aussi généralement portés sur le dos et les épaules qu'en France, bien que certaines femmes et quelques hommes portaient leurs marchandises sur la tête avec un équilibre facile.

LE CABILDO—LA NOUVELLE-ORLÉANS

Le *Vieux Carré* a pour moi une certaine note de tristesse. En vous promenant dans ses *rues* et ses chemins, vous sentez que, d'une manière ou d'une autre, les jours de son importance et de son pouvoir sont révolus à jamais. Les demeures, autrefois imposantes résidences des riches, sont aujourd'hui fissurées et abîmées, et il semble qu'il n'y en ait aucune pour les remettre en bon état. La délabrement plane sur le *Vieux Carré* . On a l'impression que le bon vieux temps créole est sûrement révolu. Vous réalisez qu'à mesure que la langue de La Belle France disparaît, les coutumes tranquilles et les habitudes faciles de la Nouvelle-Orléans française seront, d'ici de nombreuses années, submergées par le discours direct et la brusquerie commerciale de l'Amérique moderne.

Dans l'après-midi, j'ai parcouru de nombreux kilomètres en tramway à travers et autour de la ville, et particulièrement le long des digues et à travers la belle avenue Saint-Charles et la partie supérieure moderne. Basse, très basse, se trouve la Nouvelle-Orléans, dont la plus grande partie n'est qu'à quelques pieds au-dessus de l'eau, vraiment au-dessous du niveau du Mississippi en période de crue. De nombreuses rues sont maintenant asphaltées et relativement propres, mais la plus grande partie de la ville n'est pas encore pavée ou, lorsqu'il y en a, elle est encore posée avec d'énormes blocs de granit français (un pied ou dix-huit pouces carrés) déposés. il y a deux siècles. La ville est trop proche d'eaux mortes perpétuelles pour permettre un drainage moderne et il y a peu ou pas d'égouts souterrains. Les maisons se déversent dans des gouttières profondes et ouvertes le long des rues, entre les trottoirs et les voies de circulation qu'il faut emprunter ; l'eau douce est pompée dans ces gouttières et, combinée aux eaux usées entrantes, est à nouveau pompée dans le Mississippi. C'est de cette manière grossière et insalubre que la Nouvelle-Orléans s'efforce de maintenir une propreté mesurable.

TRANSPORT DE COTON—NOUVELLE-ORLÉANS

La partie résidentielle, dans la ville américaine, contient de nombreuses belles demeures avec de larges pelouses et une profusion d'arbres semi-tropicaux, et partout se trouvent des jardins – des jardins fleuris qui sont des masses déchaînées de roses et de jasmins et des fleurs splendides. Tout comme la gloire de l'Angleterre réside dans ses fleurs, où aucune maison n'est trop humble pour une jardinière, il en va de même à la Nouvelle-Orléans. Si sale qu'elle soit, si négligée et négligée, il faut pourtant aimer la ville pour ses fleurs. Même la maison la plus humble du travailleur brille de sa masse de couleurs.

La Nouvelle-Orléans n'a pas de parcs dont elle puisse se vanter – Audubon Park n'est qu'un simple ruban de verdure – mais les cimetières qui bordent ses frontières sont en réalité ses parcs. Les chênes verts sont recouverts de masses de mousse tombantes, et les magnolias et les arbustes en fleurs sont partout. Mais l'eau est si proche de la surface qu'il ne peut y avoir de sépultures dans la terre, et les cimetières sont donc remplis de tombeaux construits au-dessus du sol. Beaucoup d'entre elles sont des œuvres d'art coûteuses.

La ville s'accroche au fleuve là où le Mississippi fait un grand coude, telle une demi-lune, vers le sud-ouest, d'où son nom de « Crescent City ». Seuls les grands remblais, hauts de quatorze à quinze pieds, empêchent les maisons et les jardins, ainsi que toute la partie commerciale de la ville, d'être parfois submergés par les eaux furieuses du grand fleuve. Je trouvais étrange, depuis le pont d'un bateau à vapeur, situé au niveau de la digue, de contempler la ville, dix ou vingt pieds plus bas. Cela m'a rappelé la Hollande et Rotterdam, sauf que là-bas, les eaux sont les mares mortes et tranquilles des canaux hollandais, alors qu'ici, elles sont la marée croissante et agitée du Mississippi, large de plus d'un kilomètre.

Le long des digues se trouvaient de nombreux paquebots chargés de mélasse, de sucre et de coton, principalement du coton, dont le commerce est énorme et sans cesse croissant. Les plus gros navires accostent maintenant tout près des quais en bois des digues et restent là, de la proue à la poupe, sur plusieurs milles.

Les théâtres et les quartiers d'affaires, la douane, l'hôtel de ville et les autres bâtiments publics de la Nouvelle-Orléans ne sont pas modernes, mais semblent avoir été construits il y a de nombreuses années. Pourtant, malgré leurs marques d'antiquité, la partie commerciale de la ville est animer avec agitation et action. Il y a de l'espoir sur les visages des hommes de la Nouvelle-Orléans, et les plus jeunes trouvent dans le commerce croissant de la ville des opportunités de réussite que leurs ancêtres n'ont jamais connues. Avec l'achèvement du canal de Panama, la Nouvelle-Orléans deviendra l'un des plus grands ports commerciaux.

LE LONG DE LA Digue—LA NOUVELLE-ORLÉANS

De la Nouvelle-Orléans, j'emprunterai le Southern Pacific Railway, traverserai le Mississippi et voyagerai vers l'ouest à travers la Louisiane et le Texas jusqu'à San Antonio, au Texas, puis j'irai vers le sud jusqu'au Mexique.

III
Vers le sud-ouest jusqu'à la frontière

(Écrit dans le train et posté à Laredo, Texas.)

16 novembre.

Le voyage depuis la Nouvelle-Orléans a été quelque peu fastidieux, mais pourtant si rempli de nouvelles attractions que le temps a passé trop vite pour que je puisse même jeter un coup d'œil à l'exemplaire de *Fair God de Lew Wallace*, que j'avais acheté à la Nouvelle-Orléans pour le lire en chemin.

À 9 h 45, j'ai quitté l'hôtel St. Charles et j'ai pris le bus pour la gare du Pacifique Sud, un bâtiment en bois délabré et usé par les intempéries, au bord de l'eau, dans le quartier français de la ville. Une grande salle d'attente mal entretenue était remplie d'émigrants, principalement des « crackers » et des « po' white trash » en provenance des États cotonniers. Une large passerelle menait au ferry-boat maladroit qui nous faisait traverser le Mississippi jusqu'à une série de hangars en bois longs et bas où nous attendait notre train transcontinental.

Le ferry traverse le Mississippi près du centre de la proue, là où le fleuve trace une courbe géante contre le rivage en croissant. Le courant est rapide, et que les eaux soient hautes ou basses, le fleuve se précipite toujours avec un avidité implacable vers le golfe du Mexique, situé à cent milles de distance.

Alors que je me tenais sur le bateau et que mon regard balayait le fleuve de haut en bas, la ville s'étendait devant moi, noire et sombre sous un épais voile de fumée, plate et sans intérêt, seulement ici et là une flèche ou un clocher s'élevant solitairement au-dessus de la monotonie plate. . Mais le long des kilomètres de digues, il y avait de l'activité et de la vie. Les paquebots océaniques embarquaient des marchandises et des multitudes de bateaux à vapeur fluviaux déchargeaient des cargaisons de balles de coton et d'autres produits en amont, apportés des mines de charbon, des champs et plantations de blé de Pennsylvanie, de Virginie occidentale, d'Ohio, d'Indiana et d'Illinois, du Kentucky et du Tennessee. du Wisconsin, du Minnesota et de l'Iowa, même des Dakotas, du Nebraska et du Kansas, et du Missouri, de l'Arkansas, du Mississippi et de la Louisiane, car ici converge le vaste trafic fluvial intérieur du continent. (L'énorme trafic des Grands Lacs pousse désormais le Congrès à leur accorder des canaux de navigation et un accès sans entrave à la Nouvelle-Orléans.)

C'est un trafic prodigieux qui ne cesse de croître malgré la concurrence des chemins de fer qui pénètrent désormais partout, même dans les riches pays de plantations. Pendant quelques années après la guerre civile, la Nouvelle-Orléans semblait perdre sa prééminence d'antan en tant que port. Les chemins de fer du nord menaçaient de couper son commerce par le haut, l'ensablement des embouchures du Mississippi menaçait de détruire son accès à la mer. Puis vint la main forte et sage de l'Oncle Sam, qui construisit le magnifique système de jetées imaginé par le capitaine Eads, et la Nouvelle-Orléans commença à se réveiller. Son commerce se développa à pas de géant, le trafic fluvial reprit et elle devint maîtresse d'un commerce fluvial dépassant de loin ce qu'elle avait connu auparavant. Désormais, non seulement ses banlieues s'étendent le long du fleuve, mais son commerce et son commerce se sont étendus jusqu'à la rive ouest, où une nouvelle ville supplémentaire se développe rapidement. Là, la Southern Pacific Railway et d'autres lignes occidentales ont érigé leurs magasins et leurs usines, aménagé de vastes gares et construit de grands entrepôts. Là, ils déchargent et stockent le fret que la Louisiane, le Texas et l'extrême Ouest envoient vers l'est pour être distribués aux liaisons ferroviaires de l'Est qui le transportent vers les ports du Golfe et de la côte atlantique pour l'exportation et pour la livraison à la consommation intérieure par transport fluvial.

Nous devions emprunter le San Francisco Express, et j'avais prévu un beau train transcontinental, quelque chose comme notre propre « FFV » qui nous emmène de Kanawha à Cincinnati ou à New York. Mais j'ai été déçu. Le « Sunset Limited », comme on l'appelle, se composait de deux couchettes, attelées derrière un certain nombre de voitures d'immigrants en mauvais état et d'autocars de jour à l'ancienne. Aucun d'entre eux n'avait de vestibule et il n'y avait pas de wagon-restaurant attenant. J'avais heureusement obtenu, plusieurs jours à l'avance, une couchette inférieure jusqu'à San Antonio ; mais de nombreux passagers postulèrent qui ne pouvaient obtenir de couchettes et furent autorisés à s'entasser dans les couchettes, faute de place dans les autocars de jour, dans lesquels les immigrants grouillants avaient débordé.

PAVÉS FRANÇAIS ANCIENS

Nous partîmes en retard ; nous étions en retard à chaque station de la route ; nous étions en retard d'une heure lorsque nous arrivâmes le lendemain matin à San Antonio ; un mauvais début, sûrement, pour un train qui doit voyager quatre longs jours et nuits jusqu'à la côte Pacifique.

Nous avons traversé un terrain plat, avec de nombreux fossés, canaux et mares d'eau stagnante situées à quelques pieds au-dessous du niveau de la surface. Le sol était noir et riche. Nous avons parcouru des hectares et des hectares, des milliers d'acres de canne à sucre, et nous avons vu de nombreux grands moulins, tous utilisant des machines modernes pour moudre la canne et fabriquer du sucre. Ensuite, il y avait moins de fossés, moins de canaux, la terre était légèrement plus haute, et il y avait des kilomètres de champs de coton, le coton encore en capsule, mûr pour la cueillette. C'était alors un pays avec de nombreux petits fossés et de petites digues ; il y avait des rizières à inonder ; et il y avait des moulins à riz, ce qui représentait un intérêt important et rapidement croissant. Chaque étendue de forêt que nous avons traversée était couverte de mousse grise et de vignes parasites. Il y avait beaucoup de chênes verts, de palmiers et quelques cyprès. Le terrain s'élevait encore progressivement, pour finalement devenir plus sec, couvert d'herbe et pâturé par des troupeaux de bœufs et de chevaux ; mais c'était plat, toujours plat.

Vers le crépuscule, nous traversons Beaumont, la célèbre ville pétrolière. C'est l'endroit fatidique où des millions de dollars ont été gagnés et perdus en quelques mois. Il y a dix ans, un groupe de nos propres Kanawha a foré ici un trou sec de quatre cents pieds et a abandonné le projet, ne trouvant aucun pétrole à un jet de pierre de l'endroit où, quelques années plus tard, Dan Lucas a foré huit cents pieds. , et a frappé son gusher de soixante-dix mille barils. Il y avait une foule excitée à la gare, et les voyageurs entrant dans notre voiture bourdonnaient de discussions passionnantes sur le pétrole. Parmi eux se trouvaient un certain nombre de femmes, plus diamantées, plus ornées de bijoux que n'importe quel groupe de féminité que j'ai jamais vu auparavant. Les hommes aussi portaient des bijoux éclatants et portaient ce cachet distinctif qui caractérise ceux qui, avec nonchalance, gagnent ou perdent une fortune en une nuit. Ils étaient sans aucun doute le groupe d'hommes et de femmes élégamment vêtus le plus coriace que j'aie jamais vu.

L'ALAMO

Nous avons dépassé Houston vers minuit et, le matin, à huit heures, nous étions à San Antonio, une ville aux larges rues et aux parcs spacieux ornés partout de palmiers, de palmettes et d'arbustes semi-tropicaux. Nous sommes montés dans un bus et avons parcouru un mile jusqu'à la gare de l'International and Great Northern Railway, qui descend de Saint-Louis et traverse le sud jusqu'à soixante-dix milles jusqu'à Laredo, sur le Rio Grande et la frontière mexicaine. Nous sommes passés devant les murs battus par les balles du célèbre Alamo, le sanctuaire sacré de tous les fidèles Texans, puis devant une grande cathédrale catholique romaine avec un toit et un clocher espagnols, un immense couvent et plusieurs bâtiments publics majestueux. San Antonio est une ville de quarante mille habitants et la dernière ville américaine de cette ampleur au nord du Mexique. A la gare, où nous avons attendu une demi-heure, j'ai vu mes premiers *graisseurs mexicains* , dans leurs prodigieux *sombreros* et j'ai commencé à me sentir proche d'un pays étranger.

Notre train du Nord arriva à neuf heures à l'heure, tout vestibulé, éclairé à l'électricité, avec un wagon-restaurant attenant, et tout son équipement bien supérieur à celui du Pacifique Sud. C'était l'un des trains Gould reliant Saint-Louis à l'extrême sud.

En quittant San Antonio, nous avons traversé un pays toujours plat, toujours plat, couvert de sable et de mesquit sur des kilomètres et des kilomètres et des kilomètres. À perte de vue, dans toutes les directions, heure après heure s'étendait ce désert monotone et illimité. Les arbres mesquit ressemblaient à des pêchers mal développés. À mon œil inhabituel, nous semblions traverser d'interminables vergers arides, les arbres étant généralement distants de trente ou quarante pieds. C'est ici que réside le lapin et, vers la frontière mexicaine et à proximité des eaux du Rio Grande, les cerfs abondent. Les cailles sont également communes, mais parmi les autres espèces, il y en a peu ou pas du tout. Ici et là, les mesquits furent coupés et de vastes champs sablonneux furent plantés de coton. Le bétail cultivait également l'herbe indigène courte et sèche. À mesure que nous avancions vers le sud, l'herbe diminuait, le sable augmentait et les cactus épineux devenaient de plus en plus abondants. À l'une des stations où nous nous arrêtions pour que la machine prenne de l'eau, j'ai parlé avec un grand planteur à barbe blanche, qui tenait son cheval, le cheval habillé d'une selle et d'un lasso mexicains, l'homme en haut sombrero *mexicain* . « La main-d'œuvre par ici est entièrement mexicaine », a-t-il déclaré. « Vous pouvez importer des péons mexicains en nombre illimité, qui sont heureux de travailler pour trente cents par jour et de se nourrir eux-mêmes. Il n'y a donc pas de nègres au sud de San Antonio, car aucun nègre ne travaillera et ne vivra avec un si petit salaire. De plus, le sol est si pauvre et l'eau si rare que ni le coton ni le bétail ne pourraient y être cultivés avec profit, sans les bas salaires que les Mexicains sont heureux d'accepter.

ANCIEN COUVENT ESPAGNOL

Nous arrivâmes à Laredo, une ville d'environ cinq mille habitants, vers six heures du soir, où j'envoyai le télégramme suivant : « Canne, coton, bétail, mesquit, sable et cactus, OK », qui, bien que bref, résume le pays que je traverse depuis deux jours. Laredo se trouve du côté américain du Rio Grande, traversé par un long pont menant à Nuevo Laredo, dans l'État de Nuevo Leon. Ici, des douaniers mexicains en uniforme élégant ont examiné mes bagages et m'ont fait passer.

IV
En route vers Mexico

Il est arrivé dans cette ville, aujourd'hui, vers l'endroit de la mère ! Dès l'instant où nous avons traversé le Rio Grande, nous sommes passés instantanément de la civilisation américaine du XXe siècle à la civilisation latino-indienne médiévale. La ville mexicaine de Nuevo Laredo, les bâtiments, les femmes, les hommes, les garçons, les ânes, tous étaient différents. J'avais l'impression de m'être réveillé dans un autre monde. Alors que nous approchions de la gare de la ville mexicaine, j'ai remarqué un vieil homme monté sur son âne. Sa selle était attachée sur les hanches juste au-dessus de la queue de la bête, ses pieds traînaient sur le sol. Il était assis là avec une immense dignité et une grande maîtrise de soi, observant avec curiosité les *gringos*, venus du pays du Nord lointain. Il nous regarda silencieusement pendant quelques instants puis s'éloigna solennellement, tandis que je me demandais par quelle main de la Providence il n'avait pas glissé derrière.

De Nuevo Laredo à Monterey, que nous atteignîmes à dix heures et demie du soir, n'était qu'une seule plaine plate couverte de mesquits et de cactus ; sable, mesquit et cactus ; des cactus, du sable et du mesquit, kilomètre après kilomètre, jusqu'à ce que l'obscurité tombe sur nous, quand nous ne pouvions plus voir. Monterey est le centre des industries sidérurgiques et sidérurgiques du Mexique, de grandes manufactures de tabac et de vastes brasseries. C'est la principale ville manufacturière du Mexique moderne. Notre séjour fut bref, et je n'aperçus qu'une foule masquée et coiffée de hauts *sombreros*, se pressant à la lueur des lampes électriques, puis nous nous dirigeâmes vers le grand plateau intérieur des hautes terres mexicaines.

Pendant la nuit, il faisait froid. Je me suis réveillé en frissonnant et j'ai demandé des couvertures. À San Antonio, la matinée avait été chaude et, toute la journée, vers le sud jusqu'à Laredo et Monterey, la chaleur avait été accablante. Il faisait froid quand j'ai quitté Kanawha, mais l'air froid ne m'avait pas suivi au-delà de la Nouvelle-Orléans, et j'avais là-bas mis dans ma malle tous mes vêtements chauds et je les avais enregistrés jusqu'au Mexique. En passant vers l'ouest à travers la Louisiane et le Texas, l'air doux était délicieux et j'étais à l'aise dans mes vêtements d'été les plus fins. C'est ainsi qu'en rêvant d'orangers et de tropiques ensoleillés, je m'endormis. Maintenant, je frissonnais d'un frisson mortel, et l'air raréfié et vif coupait comme un cimeterre. J'ai enfilé mon pardessus, que j'avais heureusement encore sur moi, et j'ai dormi de façon agitée jusqu'au jour.

Nous traversâmes, pendant la nuit, la première grande chaîne de montagnes qui sépare le plateau intérieur du centre du Mexique des plaines basses s'étendant vers l'est, vers le Golfe et jusqu'au Texas. Nous avons grimpé plusieurs milliers de pieds jusqu'à Saltillo, où le mercure a presque enregistré du gel. Nous descendions maintenant les pentes intérieures des montagnes-barrières, passant près du champ de bataille de Buena Vista, où Zachary Taylor frappa Santa Anna et sa horde à la peau sombre et acquit la renommée qui fit de lui le président des États-Unis. Nous entrions dans cette vaste plaine intérieure désolée qui s'étend sur des centaines de kilomètres au sud jusqu'à Acambaro, où nous devions recommencer à gravir des chaînes encore plus élevées, les traversant enfin - à une altitude de onze mille pieds - avant de descendre enfin dans la haute vallée fraîche d'Anahuac jusqu'à la ville de Mexico.

Vers neuf heures, nous nous arrêtâmes à une gare routière pour le petit-déjeuner (*almuerzo*). Si je l'avais su, j'aurais pu prendre mon café *desayuno* et rouler plus tôt dans le train. Nous étions maintenant sur un vaste plan de sable. Une brume froide planait sur nous. Le soleil brûlant essayait de franchir cette barrière. Une bande d'Indiens enveloppés jusqu'aux yeux dans des couvertures aux couleurs brillantes de fabrication indigène (*zerapes*), *leurs sombreros* à haute pointe tirés sur leurs yeux, les bras croisés, silencieux comme des statues, nous regardaient. J'ai délibérément pris leur photo. Ils ne souriaient pas et ne bougeaient pas. Un groupe de femmes indiennes assises par terre à côté de ces hommes n'était pas aussi placide. Ils considéraient le Kodak comme un mystère maléfique et cachaient leur visage dans leurs *rebozos* lorsque je pointais mon objectif vers eux. L'étrange instrument sentait la sorcellerie, et ils n'en voulaient pas. Les *rebozos* toujours dégainés, ils se relevèrent et s'enfuirent.

LES PLAINES DÉSOLÉES

Au bout d'une heure, le soleil blanc et éclatant dissipa les brumes. Le ciel était bleu et sans nuages. La piste était droite, avec rarement une courbe, kilomètre après kilomètre vers le sud. Le pays était plat comme une table, une plaine aride, entourée de montagnes imposantes et sans verdure, s'étendant le long de l'horizon à l'est et à l'ouest. Toute la journée, nous avons ainsi filé vers le sud à travers des étendues illimitées de sable, de broussailles de sauge, de cactus et un curieux palmier rabougri qui soulevait un tronc nu avec une seule touffe de verdure à l'extrémité. Le paysage ne donnait aucun signe d'avoir jamais été béni par une goutte d'eau, la perspective stérile s'étendant de tous côtés dans une monotonie apparemment sans fin.

De temps en temps, nous passions devant une petite gare en brique d'adobe. De temps à autre, un groupe d'habitations en pisé était centré autour d'une église en pisé au toit bas. À un endroit, un *rancherro à moitié sauvage* courait à côté du train sur son *broncho* , essayant en vain de maintenir le rythme et agitant sauvagement son *sombrero* alors qu'il prenait du retard. Aux gares se trouvaient toujours des femmes et des enfants, ainsi que des hommes toujours silencieux, debout comme des statues. Ils ne bougeaient jamais, ils ne parlaient jamais, ils ne souriaient jamais ; ils nous regardaient avec un étonnement vide. À mesure que nous avancions vers le sud, l'extrême aridité du paysage commençait à s'atténuer. Le bétail commença à apparaître dans la plaine, les villages en pisé devinrent plus fréquents, la population basanée et brun foncé devint plus nombreuse. Vers le milieu de l'après-midi, les tours, les hauts murs, les toits de tuiles rouges d'une grande église, d'une cathédrale et d'une ville de grande envergure s'agrandissaient devant nous. Nous nous arrêtâmes devant une belle et spacieuse gare, construite en grès rouge. Là, rassemblés à la rencontre du train, se trouvaient de curieuses charrettes à deux roues et des voitures antiques à hautes roues, tirées par des mules ; de nombreux ânes portant des fardeaux, certains avec des hommes assis sur leurs hanches ; une multitude de Latins au visage sombre, des hommes en hauts *sombreros* , des femmes aux têtes enveloppées de *rebozos* ou *de mantilles* . Nous étions dans une gare construite à un kilomètre et demi de l'importante ville de San Louis Potosí, l'un des grands centres de fusion du minerai du Mexique et une ville de soixante mille habitants. Dans la gare, nous avons dîné et j'ai mangé mes premiers fruits mexicains, dont un sorte de pomme à la crème, et tous délicieux.

EN ATTENTE DE NOTRE TRAIN

Dans la voiture avec moi était assis un jeune Mexicain, qui avait visiblement étudié et voyagé aux États-Unis. Il était habillé à la hauteur de la mode américaine et se comportait comme un jeune gentleman aisé. Alors qu'il descendait du train, il fut enveloppé dans les bras d'un autre jeune d'à peu près son âge. Ils joignirent leurs mains droites et se tapotèrent le bas du dos avec leurs mains gauches, et s'embrassèrent les joues, puis il fut également embrassé par un grand homme majestueux, mesurant plus de six pieds, avec une longue barbe grise. qui s'est comporté avec une grande dignité. Les deux étaient vêtus d'un costume mexicain complet, avec *des pantalons* moulants évasés en bas et lacés de cordons argentés sur les côtés, des vestes courtes en velours brodées de dentelle dorée, de hauts chapeaux en feutre avec des cordons et des pompons dorés, et leurs monogrammes de six pouces de haut. en métal bruni fixé sur le côté de la couronne. Plusieurs hommes s'emparèrent des sacs et de la valise américaine du jeune homme, et le groupe se dirigea vers un fourre-tout de six mules, placé haut sur d'énormes roues. Le voyageur était évidemment le fils d'un des grands *haciendados*, dont les domaines se trouvaient à environ cinquante milles de là. Seuls les grands de première grandeur voyagent en calèche au Mexique.

Notre porteur de couleur, noir comme du jais, était également de bonne humeur. La première de sa série d'amoureuses mexicaines était venue le saluer en lui apportant une corbeille de fruits. Elle était jolie, avec de beaux yeux sombres, ses longs cheveux enroulés sous son *rebozo violet*. Il n'y a pas de ligne de couleur au Mexique et Sam s'est révélé être un grand copain parmi les *muchachas mexicains*.

Assis dans le compartiment fumeur de ma voiture, dans la matinée, je me suis retrouvé en compagnie de trois messieurs mexicains entrés à Monterey. Ils ne parlaient pas anglais. Mon espagnol était limité. Mais pendant que nous étions assis là, j'ai pris conscience d'un échange de sentiments des plus amicaux entre nous. Ils étaient d'une gentillesse démonstrative. L'un d'eux m'a offert un bon cigare, l'autre a insisté pour que j'accepte ses *cigarettes*, et ils n'accepteraient aucune des miennes tant que je ne leur en aurais pas pris une. Ils ont envoyé le porteur chercher de la bière et ont insisté pour que je la partage avec eux. Ils sont même descendus à l'une des stations de transit et ont acheté des oranges parfumées à peau claire et m'ont pressé de partager les fruits. Je ne pouvais pas leur parler, ni eux non plus, mais j'ai pris conscience qu'ils étaient membres de l'ordre maçonnique. Je portais mon insigne de Maître Maçon. Ils n'affichaient aucun signe extérieur, mais leurs regards et leur gentillesse révélaient leurs sentiments fraternels. Ils m'ont traité avec une courtoisie distinguée tout au long du voyage jusqu'à Mexico et m'ont finalement dit au revoir avec un regret évident. Plus tard, j'ai appris qu'un Mexicain de la Fraternité maçonnique ne porte aucun signe extérieur de son appartenance, en raison de l'hostilité de l'Église romaine encore dominante, alors que le lien maçonnique est d'une force particulière en raison même de cette animosité.

MULES PORTANT DU MAÏS

Après avoir quitté San Louis Potosí, la grande plaine intérieure que nous avions parcourue toute la journée devenait de plus en plus accidentée. Nous sommes arrivés parmi de petites collines, avec ici et là de profonds ravins, et nous avons commencé à tourner légèrement vers l'ouest et à gravir par des pentes faciles vers des montagnes lointaines et imposantes, loin à l'horizon au sud. L'eau est désormais devenue plus abondante. Nous suivions le cours d'un ruisseau large, entre de hautes berges, où se trouvaient de longues étendues de sable entrecoupées de mares bien remplies. Les villages en pisé se multipliaient, et çà et là de petites églises ou chapelles, chacune surmontée d'une grande croix. J'ai compté plus d'une centaine de ces chapelles au cours de quelques kilomètres. C'était comme si toute la population avait consacré son temps depuis des siècles à la construction de ces sanctuaires. Certaines étaient délabrées et en mauvais état, d'autres semblaient avoir été construites récemment. Chacune a sa Madone, et chacune est vénérée et soignée par la famille qui l'a éventuellement érigée. Il était huit heures et il faisait nuit lorsque nous arrivâmes à Acambaro où un bon souper nous attendait dans la spacieuse gare.

Au moment où le train démarrait, j'ai posé quelques questions au conducteur américain et, après une petite conversation avec lui, j'ai été surpris de constater qu'il était un Virginie-Occidental de Kanawha. « *Señor* Brooks », dit-il, qui avait grandi près de « Coal's Mouth », aujourd'hui St. Albans. Il était ravi d'apprendre de moi Charleston et la vallée de Kanawha, et espérait un jour revenir et revoir la maison de son enfance. Il aimait désormais le Mexique. Son climat sec et ensoleillé lui avait donné la vie, alors que sous les latitudes plus froides de la Virginie occidentale, il aurait péri.

Pendant la nuit, en traversant le sommet de la *Sierra* , à La Cima, à près de onze mille pieds au-dessus de la mer, il fit de nouveau un froid intense, encore plus froid que lorsque nous traversâmes les montagnes près de Saltillo. Le froid m'a réveillé de nouveau lorsque j'ai découvert que nous descendions dans la vallée d'Anahuac en direction de la ville de Mexico. Nous fûmes bientôt sous les brumes et sous un ciel sans nuages, et pourtant je ne ressentis aucune chaleur excessive, mais plutôt une exaltation vivifiante dans l'air pur et sec. Tandis que nous courbions, tournions et descendions les pentes abruptes, de nombreux panoramas d'une beauté extrême éclataient à l'œil. Nous entrions dans une large vallée d'une grande fertilité entourée de hautes montagnes, et à l'extrême sud, à cinquante milles de là, les dômes brunis du Popocatepetl et de l'Ixtacciuhatl élevaient leurs crêtes de glace dans l'espace, à dix-huit mille pieds au-dessus du niveau de la mer. Loin au-dessous de nous brillaient et scintillaient les eaux des lacs Tezcoco, Xochimilco et Chalco, autrefois joints, mais maintenant séparés, par la terre sauvée sur laquelle se trouvait *Tenochtitlan* , la puissante capitale de Montezuma, encore aujourd'hui une ville dépassant quatre cent mille âmes. (lorsque Cortez l'a conquis, on dit qu'il en détenait plus d'un million). Partout le regard se posait sur des terres fertiles, cultivées sous irrigation, contenant des plantations de maguey, des vergers d'orangers et de tilleuls, de grenadiers, et des bosquets de figuiers et d'oliviers, le tout formant un paysage où le printemps trône perpétuellement.

UN CARGADORE PORTANT DES LÉGUMES

Le long des routes, des trains de mules et de burros, lourdement chargés, peinaient vers la grande ville, et de nombreux piétons portaient sur le dos d'énormes sacs, dont le poids reposait sur les épaules et était retenu par une sangle autour du front. Lorsque les Aztèques étaient seigneurs du Mexique et que Montezuma régnait, le cheval, le bœuf, l'âne et le mouton étaient inconnus sur le continent américain. Tous les fardeaux et toutes les marchandises étaient alors portés sur le dos et les épaules des Indiens, qui avaient hérité de leurs ancêtres les muscles robustes et le droit de supporter le trafic de la terre. Et c'est de ces ancêtres que les *cargadores indiens* d'aujourd'hui ont reçu la force étonnante qui leur permet de supporter ces lourdes charges avec une apparente aisance ; l'Indien, avec sa démarche de jogging et de trot, transportait cent livres sur son dos sur une distance de cinquante milles par jour. Une grande partie des fruits, légumes et produits tropicaux exposés chaque jour sur les marchés de la ville sont ainsi remontés depuis des plantations lointaines de plaine, sur le dos des hommes. À mesure que nous approchions de la ville, de plus en plus près, les autoroutes que nous longeions ou traversions étaient de plus en plus remplies de ces trains de meute et de ces *cargadores* , ainsi que d'hommes et de femmes qui se dirigeaient vers la ville.

Nous arrivâmes finalement dans une grande gare nouvellement construite en grès blanc. Le pandémonium régnait sur la plate-forme le long de laquelle nous nous arrêtâmes. Les hommes s'embrassaient, se giflaient le dos et s'embrassaient sur les deux joues. Les femmes se jetaient dans les bras les unes des autres et les enfants embrassaient les mains de leurs aînés. Nous passâmes par de larges portails et pénétrâmes dans une cour semi-circulaire pavée, où étaient garées des voitures avec des bandes jaunes, rouges ou bleues en travers de la porte. Ceux avec des bandes jaunes sont bon marché et sales, ceux avec des bandes bleues signifient un double tarif et ceux avec des bandes rouges sont propres et facturent des frais raisonnables, le tout étant réglementé par le gouvernement fédéral. Je suis entré dans l'un des véhicules à bande rouge. Le chauffeur a appelé deux *cargadores* , qui ont saisi mes malles de bateau à vapeur, les ont chargées sur le dos et ont couru à nos côtés. Les chevaux partirent au demi-galop et quand nous arrivâmes à l'hôtel, les *cargadores* , avec les malles sur le dos, étaient là aussi, moins essoufflés que l'attelage haletant, et chacun fut gratifié d'un quart mexicain pour sa solde (égale à un centime américain), tandis que mon *cochero* jurait dans un espagnol abondant parce que je ne lui avais pas payé cinq fois le tarif légal.

PATIO—HÔTEL ITURBIDE

J'étais venu dans l'ancien palais de l'empereur Iturbide et j'ai été accueilli par l' *Administrador parlant américain* , dans un discours louisianien à l'accent doux.

V
Premières impressions de Mexico

HÔTEL ITURBIDE,

20 novembre.

Quand je me suis réveillé ce matin, les murs de pierre nue de ma chambre, le sol pavé de pierre, l'air raréfié du matin qui s'infiltrait par les fenêtres grandes ouvertes, tout cela se combinait pour me donner cette sensation de froid mordant, qui peut peut-être seulement être satisfaite. à des altitudes aussi élevées. Je suis à un mile et quart dans les airs au-dessus de la ville de Charleston-Kanawha, à un mile et demi au-dessus de la ville de New York. Au moment où j'avais fait ma toilette hâtive, mes doigts étaient engourdis par le froid. J'ai enfilé mes vêtements d'hiver que j'avais emportés avec moi pour mon retour en Virginie en janvier. J'ai aussi mis mon pardessus.

Quittant ma chambre voûtée, je longeai les couloirs dallés de pierre, descendis les escaliers de pierre, pénétrai dans la cour pavée de pierre, sortis par l'étroite porte du portier et me retrouvai parmi les piétons de la Calle de San Francisco. Il était tôt. La rue était encore dans l'ombre du matin. Les passants que j'ai rencontrés étaient chaleureusement enveloppés. Les *rebozos* des femmes étaient enroulés autour de la tête et de la bouche. Les *zerapes* des hommes étaient tenus étroitement autour des épaules et couvraient le bas du visage. Les pardessus étaient partout en évidence et les foulards protégeaient la bouche des policiers en uniforme français. Toutes ces précautions étaient contre la redoutable pneumonie, la maladie la plus redoutée et la plus mortelle du Mexique.

CARGADORES TOTING FÛTS

Je suis entré dans un restaurant tenu par un Irlandais parlant avec un accent de Limerick, mais se faisant appeler citoyen des États-Unis. J'entrai dans une pièce haute et carrée avec des murs en pierre, un sol en pierre, des fenêtres sans vitres, avec de nombreuses petites tables pouvant accueillir trois ou quatre personnes. Il y avait ici quelques Américains avec leur chapeau et de nombreux Mexicains avec leur chapeau. Un plat de fraises était mon premier plat, les baies pas très grosses, de couleur rose pâle, de saveur très légère. Celles-ci sont récoltées chaque jour de l'année dans les jardins des environs de la ville. Mon café était *con leche* (avec du lait). J'ai demandé des petits pains et quelques *blanquillos* (œufs) *passados por agua* (passés dans l'eau, c'est-à-dire bouillis). En guise de pourboire, *le cinco centavos* (cinq cents en mexicain, égal à deux cents aux États-Unis) était considéré comme libéral par le serveur indien.   En   quittant   la large entrée, je vis les ombres s'enfuir et le soleil inonder la rue de ses rayons blancs.

Laissant mon pardessus à l'hôtel, je me suis dirigé vers le charmant parc Alameda, où, choisissant une place sous un splendide cyprès, je me suis assis sous le délicieux soleil et j'ai observé les foules en mouvement. De nombreuses bandes de mulets, chargés des produits du terroir, entraient dans la ville. Plus tard dans la journée, ces mêmes transporteurs de marchandises repartent, chargés de marchandises à distribuer dans toutes les villes et villages de l'arrière-pays montagneux.

Une mère indienne passe par là, son bébé pris dans les plis de son *rebozo* . Je lui lance un *centavo* et elle me permet de se kodak elle-même et son enfant.

UN INSTANTANÉ POUR UN CENTAVO

Un bel homme chevauchant un beau cheval noir s'arrête un instant sur le trottoir. Il est heureux que je puisse admirer ce splendide animal. Il le retient et je capture une vue.

Un *rancherro* dans toute la splendeur criarde de galons dorés, *de pantalons lacés d'argent* et de selle coûteuse, ornée d'ornements de laine de chèvre angora traînante, s'approche de moi. Il me permet de photographier son beau cheval oseille, mais ne me permettra jamais de le prendre face à face. Il s'arrête pour que son animal soit admiré par la foule qui passe ; il discute avec des amis qui s'attardent à ses côtés, mais chaque fois que j'essaie d'attraper son visage, il se retourne.

MY PROTECTORS OF THE MARKET   ERRAND BOYS OF THE MARKET

MES PROTECTEURS DU MARCHÉ & GARÇONS DE COURSES DU MARCHÉ

Les vendeurs *de bonbons* portant des bonbons dans des plateaux sur la tête ; les vendeurs de fleurs portant des paniers empilés, des roses que seuls les véritables arbres peuvent produire, entrent également dans la vision de mon kodak.

Plus tard, je me dirige vers la Plaza Grande, face à la cathédrale, et là encore j'aperçois la vie de la ville. Voici des hommes portant sur leurs épaules des tonneaux apparemment remplis, des bottes de produits du jardin, des caisses de poulets. Toutes sortes d'objets portables sont ici portés sur le dos humain. De temps en temps, l'un ou l'autre s'assoit sur les bancs de pierre et de fer et se livre à des commérages. Mon appareil photo en prend également note.

Plus tard dans la matinée, je déambule dans de nombreuses rues, cherchant mon chemin vers l'un des grands marchés. Ici, je m'attarde, allant de stand en stand et prenant une photo au gré de mon imagination. Un policier, en uniforme comme un *gendarme parisien* , me regarde avec curiosité, comprend la puissance de mon appareil photo et s'approche de moi en souriant. Il repousse la foule, appelle son compagnon d'armes et se met au garde-à-vous en me priant de lui envoyer une copie du tableau. Un groupe de garçons de courses, qui portent de grands paniers plats, et ramèneront à la maison tout ce que vous achetez, attirés par la mystérieuse boîte noire, s'alignent et font signe que leurs photos soient également prises. Le mouvement instantané du volet les étonne, quand, leur jetant quelques *centavos , je les surprends en train de se battre pour la pièce.* Je suis devenu le centre d'attraction. La foule grouillante de la rue se presse autour de moi, toute impatiente d'affronter l' instrument magique, jusqu'à ce que je doive faire appel à mes amis policiers pour les repousser.

Debout là, plaisantant avec mes tuteurs et gardant la bonne volonté de la foule croissante, je suis abordé par un grand monsieur à la barbe fine, vêtu d'un noir rouillé mais autrefois à la mode. Il me parle en français. Il est de Paris, dit-il ; et Ah ! est-ce que j'ai vraiment été à Paris ! *Très jolie Paris !* Il aime aussi venir sur les marchés, se promener parmi les étals, observer les gens et noter leurs habitudes et leurs manières. Il me guide dans les différentes sections en commentant les fruits et légumes et les produits. Lorsque nous avons passé une heure intéressante, il m'invite à partager une bouteille de vin français, un délicieux bordeaux, puis, soulevant son chapeau, me dit *adieu* et se perd à jamais parmi la multitude grouillante.

Il y a tant de choses à voir dans cette ville antique, tant de choses à ressentir ! C'est tellement rempli de romance historique ! Tandis que je m'y promène, mon esprit et mon imagination reviennent continuellement aux pages de Prescott et d'Arthur Helps, dont je me penchais sur les histoires d'invasion et de conquête espagnoles quand j'étais enfant, et aux tragédies que Rider Haggard et Lew Wallace ont tant vécues. représenter graphiquement. J'ose à peine prendre la plume, tant j'ai peur de raconter ce que vous savez déjà. Je vois toujours les toits des maisons grouillant d'armées sombres de Montezuma, jetant des pierres et faisant pleuvoir des flèches sur les rangs vêtus d'acier de Cortez et de ses bandits chrétiens alors qu'ils se battent pour la vie et pour la domination dans ces mêmes rues d'en bas.

UN MEC RANCHERRO

Je me trouvais ce matin dans la splendide cathédrale, construite à l'endroit même où se dressait autrefois la gigantesque pyramide au sommet de laquelle les prêtres aztèques sacrifiaient leurs victimes humaines à leurs dieux, tandis que dans les cachots, sous mes pieds, la Sainte Inquisition, un quelques années plus tard, il avait également torturé jusqu'à la mort des hommes, des victimes humaines sacrifiées à la gloire de l'Église romaine. Un païen aztèque et un chrétien espagnol ont tous deux transporté l'âme vers le paradis à travers le sang et la douleur, et je me suis demandé, alors que je regardais une mère indienne s'agenouiller dans une humble pénitence devant une effigie de la Vierge et fixer une bougie allumée sur l'autel devant l'autel. sanctuaire, si elle aussi sentait se rassembler autour d'elle, dans les ombres sombres du demi-crépuscule, les souvenirs de ces tragédies qui ont tant opprimé sa race.

Sur ces trottoirs également, je passe en revue en imagination les régiments serrés de France et d'Autriche rassemblés pour tenter de pousser Maximillien sur un trône impérial *cis* -atlantique. Aujourd'hui, on se souvient presque avec incrédulité de l'insolence de cette conspiration de la monarchie européenne pour prendre le pas sur la liberté occidentale, alors que l'on pensait que la démocratie était à jamais frappée à mort par la guerre civile. Mais ce projet audacieux fut mené à bien par Juarez, l'Aztèque, sans que Sheridan ait à venir plus au sud que le Rio Grande.

Toutes ces images du passé, et bien d'autres, se pressent sur moi alors que je parcoure les rues et les avenues de cette ville moderne désormais splendide.

J'ai aussi essayé de voir ce que j'ai pu des églises, les plus importantes d'entre elles, qui abondent ici, mais mon cerveau est tout en tourbillon, et les saints et les madones se pressent près de moi en une suite confuse et interminable.

Depuis que Cortés a fait rôtir le Guatemala sur un lit de charbon, pour accélérer sa conversion à la foi romaine et accélérer sa mémoire quant à l'emplacement du trésor caché de Montezuma, les conquérants espagnols ont construit des églises, des sanctuaires et des chapelles à la gloire de la Vierge, le salut de leur propre âme et le profit de leur bourse privée. Chaque fois qu'un Espagnol se trouvait dans une situation difficile, il vouait une église, une chapelle ou un sanctuaire à la Vierge ou à un saint. Si la chance était avec lui, il n'avait pas le courage de reculer, mais faisait semblant de respecter son vœu et, une fois le travail commencé, il y avait suffisamment d'autres pécheurs voulant faire avancer le travail. Le génie mexicain a trouvé sa plus haute expression dans ses nombreuses et belles églises, et peut-être a-t-il été une bonne chose pour le génie que tant de pécheurs soient prêts à parier sur un vœu.

LA CATHÉDRALE – MEXICO

Lorsque Juarez a tiré sur Maximillien, il a également frappé l'Église romaine. L'archevêque de Mexique et l'Église dont il était pratiquement le primat avaient soutenu l'envahisseur autrichien. Même le pape Pie IX avait béni le complot. Lorsque la République écrasa les conspirateurs, l'Église romaine fut aussitôt privée de tout pouvoir visible. Chaque pied de terre, chaque édifice religieux, chaque monastère, chaque couvent que possédait l'église dans tout le Mexique fut confisqué par la République. Les terrains et de nombreux bâtiments furent vendus et l'argent déposé au Trésor National. Les moines et les nonnes furent bannis. Il était interdit aux prêtres de porter des vêtements autres que ordinaires. Il fut désormais interdit à l'Église romaine de posséder un bâton de pierre ou un pied de terrain.

Ainsi maintenant, le prêtre porte un chapeau en gomme d'abeille et un manteau Glengarry, et l'État prend tous les édifices religieux qu'il veut pour l'usage public. L'église de San Augustin est une bibliothèque publique. De nombreuses églises ont été transformées en écoles. D'autres ont été démolis et des bâtiments modernes ont été érigés à leur place. Le cloître et la chapelle du monastère des Franciscains sont loués à des laïcs, et sont devenus l'hôtel Jardin. Les églises dont la République n'avait pas besoin, elle a été prête à les louer à la hiérarchie romaine pour les usages religieux du peuple. Ces édifices ont été si nombreux que, malgré les crédits du gouvernement et les occupations privées, il reste encore d'innombrables édifices religieux où les pieux peuvent prier et où le sacerdoce célèbre la messe. Mais la hiérarchie romaine n'a plus la richesse et la volonté de maintenir ces bâtiments en état et dans tous ceux que j'ai visités, il y avait beaucoup de délabrement.

S'il est vrai que les lois sévères de la République interdisent à l'Église romaine de posséder des terres, on dit cependant que cette loi est maintenant contournée par un système de tutelles subrosa, par lesquelles des administrateurs secrets détiennent déjà de vastes accumulations de terres et d'argent à leur profit . utiliser. Et bien que l'Église ne puisse pas s'adresser aux tribunaux pour faire respecter la confiance, la menace de souffrances atroces au Purgatoire est apparemment si efficace qu'il y aurait eu extrêmement peu de pertes dues au vol. La promesse d'un passage facile au Paradis facilite également l'évasion des lois humaines.

LA CASA DE AZULEJOS, MAINTENANT JOCKEY CLUB

VI
Caractéristiques vives de la vie mexicaine

HÔTEL ITURBIDE, MEXIQUE,

22 novembre.

Cette atmosphère limpide, ce soleil vivifiant, comme ils rougissent le sang et exaltent l'esprit ! C'est un soleil qui ne fait jamais transpirer. Mais pourtant, si chaud que soit le soleil, il fait froid dans l'ombre, et cela m'étonne perpétuellement.

La coutume des hôtels de cette terre latine est de louer des chambres selon le plan « européen », laissant au client la liberté de dîner dans le café séparé de l'hôtel lui-même, ou de prendre ses repas où bon lui semble parmi la multitude de déjeuners de la ville. chambres et restaurants. Ainsi, je peux prendre mon *desayuno* dans un restaurant « américain », où les plats sont de type américain, et mon *almuerzo* , le repas du milieu de la matinée, dans un restaurant italien où sont servis les plats de l'Italie ensoleillée ; tandis que pour ma *comida* , je franchis une porte étroite entre des piliers bleu ciel et entre dans une longue salle dallée de pierre, où sont dressées des tables soignées et où le français créole de Louisiane est le discours du propriétaire. Ici sont servis les repas les plus délicieux que j'ai encore découverts. Si vous voulez du poisson, un garçon indien basané vous présente un grand plateau d'argent sur lequel sont disposées différentes sortes de poissons frais de la mer, car on les reçoit quotidiennement dans la ville. Ou peut-être avez-vous envie de gibier, lorsqu'on vous présente un plateau sur lequel sont étalés des canards, des bécassines et des pluviers, la tête et les ailes encore emplumées. Ou encore, un plateau de steaks de bœuf, de côtelettes et de côtelettes est présenté devant vous. Parmi ceux-ci, vous sélectionnez ce que vous souhaitez. Si vous le souhaitez, vous pouvez accompagner le serveur qui remet votre choix au cuisinier, et vous pouvez rester debout et voir le poisson, le canard ou la côtelette tour à tour, comme vous l'approuverez, sur le feu devant vos yeux. Il vous est demandé de ne rien prendre pour acquis, mais après avoir vérifié à votre propre satisfaction que la nourriture est fraîche, vous pouvez vérifier sa préparation et la manger avec contentement et sans appréhension. En cette saison automnale, des troupeaux de canards viennent passer leurs hivers sur les lacs qui entourent la ville. Au prix de trente cents, notre argent, vous pourrez déguster une délicieuse sarcelle grillée avec des petits pois frais et de la laitue, et autant de café parfumé que vous en boirez. La nourriture est bon marché, saine et abondante. Et qu'est-ce que le temps pour un cuisinier dont le salaire peut être de dix ou quinze *centavos* par jour, bien que son talent soit des plus grands !

SATISFAITS DE MON APPAREIL PHOTO

La ville regorge de belles grandes boutiques dont les grandes vitrines présentent de somptueuses expositions de tissus somptueux. Il y a une grande richesse au Mexique. Il y a aussi une pauvreté abjecte. Les revenus des riches leur viennent sans labeur de leurs vastes domaines, souvent hérités en ligne directe des concessions royales de Ferdinand et Isabelle aux *Conquestadores* de Cortés, lorsque les terres fertiles des Aztèques conquis étaient partagées entre les *compañeros espagnols affamés*. du Conquérant. Certaines de ces fermes ou *haciendas* , comme on les appelle, couvrent jusqu'à un million d'acres.

Le Mexique est à toutes fins pratiques un pays de libre-échange, et les tissus et produits européens répondent principalement aux besoins et aux fantaisies des Mexicains. Les magasins de mercerie sont aux mains des Français, avec ici et là un Espagnol de la vieille Espagne ; les pharmacies sont tenues par des Allemands, qui parlent tous couramment espagnol, et les couverts et la quincaillerie bon marché sont généralement de fabrication allemande. Les épiciers en gros et au détail étaient espagnols, mais ce commerce dérive désormais vers les Américains. Il y a quelques bijouteries raffinées, et des pierres précieuses et des œuvres d'or sont exposées dans leurs vitrines, conçues pour éblouir même un Américain. Les Mexicains adorent les bijoux, et les hommes et les femmes aiment avoir les doigts illuminés de diamants étincelants et leurs devants ornés de nombreuses chaînes en or. Et des opales ! Tout le monde vous vendra des opales !

Dans le travail du cuir, le Mexicain est un maître artiste. Il a hérité de l'art des artisans habiles des anciens Maures. Les manteaux et pantalons (j'utilise volontairement le mot *pantalons*) et les chapeaux sont en cuir, doux, léger et élastique comme une fibre tissée. Et quant aux selles et aux brides, tous les accessoires du *caballero* sont ici confectionnés plus somptueusement que nulle part ailleurs au monde.

Les magasins ouvrent tôt le matin et restent ouverts jusqu'à midi, la plupart d'entre eux étant fermés jusqu'à trois heures, tandis que les employés sont autorisés à faire leur *sieste*, le repos de midi. Puis, pendant les heures fraîches de la soirée, ils restent ouverts jusque tard dans la nuit.

D'un côté d'un petit parc, sous la loggia en saillie d'un bâtiment long et bas, j'ai remarqué aujourd'hui une douzaine de petites tables, près de chacune desquelles était assis un homme digne et solennel. Certains attendaient des clients, d'autres écrivaient sous la dictée de leurs clients ; plusieurs étaient visiblement en train de composer des lettres d'amour pour les *muchachas timides et bruns* qui leur chuchotaient. Sur les treize millions d'habitants de la République mexicaine, moins de deux millions savent lire et écrire. C'est pourquoi cette profession de scribe est une profession d'influence et de profit.

VOLCAN DE POPOCATEPETL

J'ai encore une fois visité la célèbre cathédrale qui fait face à la Plaza Grande. De la tour nord, au sommet de laquelle je montais par un magnifique escalier à colombes, quatre-vingt-douze marches en colimaçon sans noyau, j'avais une vue sur la ville. Au nord et au sud, à l'est et à l'ouest, il s'étendait sur plusieurs kilomètres . Elle se trouve sous la vue, une ville aux toits plats, couvrant des structures rarement hautes de plus de deux étages, en pierre et en briques séchées au soleil, et peintes en bleu ciel, rose et jaune, ou bien restant aussi blanches et propres qu'à l'origine. qui sait combien de centaines d'années ? Car ici, pas de cheminées, pas de fumée et pas de suie ! Au sud, je pouvais apercevoir la surface scintillante du lac Tezcoco et à l'ouest, plus loin, les lacs Chalco et Xochomilco. Jamais un nuage n'a tacheté le dôme bleu foncé du ciel. Seulement, au-dessus de moi, j'ai remarqué un éclat de blancheur éclatante. Ce fut avec difficulté que je parvins à comprendre que ce n'était rien de moins que le sommet enneigé du puissant Popocatepetl, si éloigné que les arbres, la terre et les rochers à sa base, même dans cette atmosphère translucide, étaient cachés dans une brume perpétuelle. .

On dit que les peuples diffèrent les uns des autres non seulement par la couleur, la forme et les manières, mais également par leurs odeurs particulières et individuelles. On dit que les Chinois trouvent l'Européen offensant leurs nerfs olfactifs parce qu'il sent tellement le mouton. L'Anglais jure que l'Italien sent le parfum de l'ail. Le Français déclare l'Allemand désagréable car sa présence laisse penser aux vapeurs de bière. C'est ainsi qu'on m'a dit que les grandes villes du monde se distinguent par leurs odeurs. On dit que Paris exhale de l'absinthe. On dit que Londres sent la bière et le tabac rassis, et que Mexico, je pense, est enveloppée du parfum de *pulque* (*Pool-Kay*). « *Pulque* , bienheureuse *Pulque* », dit le Mexicain ! *Pulque* , la grande boisson nationale des anciens Aztèques, qui a été facilement adoptée par le conquérant espagnol, et qui est aujourd'hui la boisson enivrante préférée de tout Mexicain buveur. Aux gares, alors que nous descendions dans la grande vallée où se trouve Mexico, des femmes indiennes nous tendaient de petits pichets bruns de *pulque* , *de pulque fraîchement* tirée. C'était doux, frais et délicieux, aussi doux que la limonade (dans cet état non fermenté, on l'appelle *agua miel* , eau de miel). Les passagers assoiffés tendaient la main par les fenêtres de la voiture et payaient volontiers les *cinco centavos* (cinq centimes) et le buvaient à loisir pendant que le train avançait. A travers des kilomètres et des kilomètres, nous avons traversé des plantations de maguey, d'où est extraite la *pulque* . Car le pulque n'est que la sève du maguey ou « plante centenaire », qui s'accumule à la base de la tige florale, juste avant qu'elle ne commence à pousser. Le cueilleur de *pulque* enfonce un long roseau creux dans la tige, le suce jusqu'à la bouche, utilisant sa langue comme bouchon, puis le souffle dans un sac en peau de porc qu'il porte sur son dos. Lorsque la peau de porc est pleine de jus, elle est vidée dans une cuve, et lorsque la cuve est remplie d'alcool, elle est versée dans un tonneau, et le tonneau est expédié au marché le plus proche. Des colporteurs ambulants parcourent les villes et les villages, portant une peau de porc de *pulque* sur leurs épaules et vendant des boissons à quiconque a soif et peut avoir *uno centavo* (un centime) pour le payer. Fraîche, la boisson est délicieuse et inoffensive. Mais lorsque le liquide a commencé à fermenter, on dit qu'il engendre des qualités narcotiques qui en font la meilleure chose pour une boisson régulière, longue et complète, que la Providence a encore mise à la portée de l'homme. Des milliers de gallons de *pulque* sont consommés à Mexico toutes les vingt-quatre heures, et le gouvernement a promulgué des lois strictes interdisant la vente de *pulque* datant de plus de vingt-quatre heures. Plus on vieillit, plus on est ivre, et moins on a besoin de boire pour s'enivrer, c'est pourquoi le but de tout Mexicain assoiffé est de se procurer la *pulque la plus ancienne* qu'il puisse obtenir. Dans chaque magasin *de pulque* , où l'on ne vend que de l'agua miel, douce et sucrée, fraîche et inoffensive, il y a en effet toujours à portée de main une provision bien fermentée, dont quelques pincées assommeront le *miel* . le buveur le plus confirmé presque aussitôt qu'il peut l'avaler.

UN COLPORTEUR PULQUE

Je passais devant un magasin *de pulque* cet après-midi quand j'ai remarqué un grand Indien musclé qui sortait. Il traversait la rue d'un pas régulier et sobre, quand tout d'un coup le breuvage fermenté en lui prit effet et il se plia comme un couteau de poche, sur-le-champ. Deux hommes sortirent alors de la même porte, le soulevèrent la tête et les talons, et je les vis le jeter, comme un sac de farine, dans le coin le plus éloigné du magasin, pour y rester, peut-être vingt-quatre heures, jusqu'à ce que il sortirait de sa stupeur narcotique.

L'autre après-midi, en me rendant au sanctuaire de Guadeloupe, j'ai croisé de nombreux Indiens quittant la ville pour rentrer chez eux. Certains portaient des fardeaux sur le dos, d'autres conduisaient des ânes chargés de marchandises. Sur le dos d'un âne était attaché un ivrogne *pulque* . Ses jambes étaient attachées autour du cou de l'âne et son corps était solidement attaché au dos de l'âne. Ses yeux et sa bouche étaient ouverts. Sa tête remuait d'un côté à l'autre avec le trot du burro. Il était apparemment mort. Il avait avalé trop *de pulque fermenté* . Ses *compañeros* le ramenaient chez lui pour le sauver de la prison municipale.

UN AMI DE MON KODAK

Les Mexicains ont une légende sur l'origine de leur *pulque* . Cela se déroule ainsi : L'un de leurs puissants empereurs, bien avant l'époque du règne de Montezuma, lors d'un raid de guerre dans le sud, a perdu son cœur au profit de la fille d'un chef conquis et l'a ramenée à Tenochtitlan comme son *épouse* . Son nom était Xochitl et elle acquit un pouvoir extraordinaire sur son seigneur, préparant de ses mains blondes et brunes une boisson pour laquelle il acquit une soif prodigieuse. Il n'a jamais pu s'imprégner suffisamment et, une fois le réservoir plein, il lui a cédé avec contentement le droit de gouverner. D'autres dames aztèques, percevant son influence somnifère apaisante sur l'empereur, acquitrent le secret de sa fabrication et assurèrent la paix intérieure en l'administrant également à leurs seigneurs. Ainsi, *le pulque* est devenu la boisson adorée de tous les Aztèques. L'Espagnol acquéreur a vite « compris » et ne l'a encore jamais lâché.

VENDEUR DE DULCE

Le seul avantage de la *pulque* est que celui qui s'en enivre devient engourdi et incapable de se battre. Par conséquent, bien qu'il soit si largement bu, il suscite peu de violence de la part de ceux qui le boivent.

Mais ce n'est pas le cas du *mescal*, une eau-de-vie distillée à partir des feuilles inférieures et des racines grillées de la plante maguey. C'est l'alcool le plus cher et le moins généralement goûté. Les hommes qui en boivent deviennent fous et, lorsqu'ils en sont remplis, aiguisent leurs longs couteaux et commencent à se venger d'un ennemi réel ou imaginaire. Heureusement, *le mescal* a peu de clients persistants. C'est *le pulque*, *le pulque* somnifère qui est la boisson honorée et nationale du Mexicain.

VOLCAN DE IZTACCIHUATL

VII
Une corrida mexicaine

MEXICO,

Dimanche 24 novembre.

Un sentiment de dégoût d'abord, puis de colère m'a envahi cet après-midi. J'étais assis entre deux jolies Espagnoles, jeunes et jolies. L'une d'elles, en entrant, a été accueillie sous le nom d' *Hermosa Paracita* (beau petit perroquet), par huit ou dix jeunes Espagnols bien habillés juste derrière moi. Les spectateurs aux dix mille gorges bruyantes venaient d'acclamer un *picador*. Il avait accompli un acte vaillant. Il avait fait deux fois le tour du ring avec son cheval aux yeux bandés, levant sa casquette devant la foule enthousiaste. Il fut applaudi parce qu'il avait réussi à faire ouvrir si habilement le ventre de son cheval par le taureau noir affolé, que tous ses organes vitaux et entrailles traînaient sur le sol pendant qu'il le montait, sous l'impulsion de ses éperons cruels et de son méchant mors. , fit deux fois le tour de l'anneau avant qu'il ne tombe, pour être traîné dehors, mourant, par des mules, gaiement caparaçonnés

dans des atours rouges et or, tirant sur ses talons ! *Paracita* a tapé dans ses jolies mains ornées de bijoux et a crié « *bravo* ! Et de nombreuses autres jolies femmes aussi ; des femmes sur les sièges réservés, des dames élégantes et de jolis enfants dans les loges cossues des étages supérieurs ! La foule hurlante de milliers de personnes a également applaudi le vaillant *picador* ! Serait-il tout aussi chanceux et intelligent et réussirait-il à faire éventrer aussi complètement le cheval suivant, d'un seul coup de cornes du taureau ? *Quien sait ?*

La ville de quatre cent mille habitants, capitale de la République mexicaine, avait été profondément émue toute la semaine par l'arrivée d'Espagne du célèbre Manzanillo et de sa bande de *toréadors* (toreros). Leur première apparition serait l'événement d'ouverture de la saison taurine.

Toréador le plus célèbre de la vieille Espagne ! Et des taureaux, au nombre de six, des lignées les plus connues du Mexique et d'Andalousie ! Le señor Limantour, secrétaire d'État du Mexique, considéré comme le successeur du président Díaz, venait de ravir la *jeunesse dorée* en annonçant publiquement qu'il acceptait l'honneur de la présidence du nouveau « Club taurin ». La société espagnole et la *Sociadad Española* avaient publiquement donné une sérénade *à Don* Manzanillo dans son hôtel ! Un dîner serait offert en son honneur après l'événement ! Des hommes et des femmes vendaient des billets dans la rue. Les billets réservés à cinq dollars chacun ne pouvaient être obtenus que dans certains magasins de cigares. La ruée serait telle que, pour obtenir un billet, il faudrait acheter tôt. J'ai sécurisé le mien jeudi et ce n'était pas trop tôt. Le spectacle aurait lieu le dimanche après-midi à trois heures, heure à laquelle toutes les églises auraient terminé leurs services, et les dames auraient eu leur *almuerzo* et le temps de se costumer pour l'après-midi.

MISE EN PLACE D'UNE BANDÉRILLE

À midi, la foule se dirigeait vers les arènes, situées à un kilomètre ou deux près de la frontière nord-ouest de la ville. Tous les tramways étaient bondés et des voitures supplémentaires circulaient ; même toutes les voitures et tous les fiacres furent pris, et les cochers commandèrent le double des prix. J'avais retenu une voiture la veille. Au restaurant, je pouvais à peine manger un morceau, tant les serveurs et les cuisiniers étaient impatients de passer et de s'échapper, ne serait-ce que pour un seul coup d'œil au spectacle. Tandis que je partais, des jeunes filles se tenaient en groupes devant les portes de nombreuses résidences à la mode, attendant que leurs voitures les emmènent sur le ring. Alors que je m'approchais de l'arène, la foule dans les rues et les trottoirs bloquait le passage.

Des centaines d'Indiens et de Mexicains, pour la plupart des femmes, avaient installé des stands de restauration temporaires le long de la route. Les fruits, *les tortillas* , le bouillon fumant et la viande rôtie au feu tentaient les affamés. Ces stands nourriraient une multitude. Il était tôt, mais les pompiers de la ville étaient déjà sur place avec des appareils pour éteindre tout éventuel incendie parmi les gradins en bois. Un bataillon de policiers à cheval était assis sur leurs chevaux bai de sang à intervalles réguliers le long de la route, leurs uniformes criards bleus et or mettant efficacement en valeur leur peau brun foncé. Nous sommes entrés dans une grande porte, avons abandonné la moitié de nos billets, puis sommes passés par un large escalier. Nous sommes montés sur les gradins et avons choisi les bonnes places. Bientôt, deux compagnies d'infanterie, baïonnettes braquées, entrèrent également et prirent position. Souvent, la foule devient tellement folle de soif de sang qu'il faut des baïonnettes pour maintenir l'ordre, parfois aussi des balles.

C'était une heure avant l'heure fixée, mais pas trop tôt. Les foules, toutes bien habillées de ce côté, dont chacun avait payé cinq dollars pour un billet, continuaient d'affluer. De l'autre côté, la foule bon marché envahissait. Derrière moi se trouvait une rangée de jeunes Espagnols. Ils se levèrent et injurièrent tous leurs amis qui entraient à portée de leur vision. Ils ont acclamé toutes les femmes plutôt bien habillées. Ils hurlaient comme des fous quand la fanfare entrait, ils éclataient presque quand, enfin, Manzanillo, le *toréador* , les *matadores* , *picadores* , la vaillante compagnie de toreros aux galons d'or, entraient et faisaient le tour du ring.

TEASER EL TORO

Manzanillo était assis sur un superbe destrier andalou qui caracolait et levait ses pattes avant comme s'il était conscient du caractère illustre de son maître. Alors Manzanillo descendit de cheval et prit sa place, les *picadores* postèrent leurs chevaux de chaque côté et mirent sur leurs yeux les bandages pour leur bander les yeux, d'autres portant de gros châles rouges brodés d'or, se mirent au garde-à-vous, la fanfare sonna, la porte en face de moi était ouverte et un beau taureau brun noir entra au trot. Alors qu'il passait la porte, il reçut sa première attention. Deux rosettes de rubans écarlates et dorés étaient accrochées à ses épaules, avec des dents en acier, de quoi l'irriter un peu. Il resta là, stupéfait. La foule l'a acclamé. Un homme en dentelle dorée a immédiatement affiché un châle rouge sur son visage. Il l'a chargé. L'homme s'écarta légèrement et s'inclina devant le public, qui l'acclama bruyamment. "Bravo! Bien joué!" Puis l'un des chevaux aux yeux bandés fut éperonné vers le taureau. Le taureau était abasourdi et en colère. Il chargea droit sur le cavalier. Le cavalier baissa sa lance et attrapa le taureau à l'épaule. Le taureau tressaillit sur le côté. Le public acclama le *picador* , mais le taureau se retournant   adroitement,   chargea le cheval de l'autre côté et, avant que la pauvre bête ait pu se retourner, lui enfonça ses cornes acérées dans l'abdomen, le déchira et renversa le cavalier et le cheval dans un nuage. de poussière. Le public acclamait désormais le taureau. Une douzaine d'hommes se précipitèrent à son secours et emmenèrent le *picador*. Le cheval resta là et le taureau le chargea de nouveau, et arracha encore une fois d'autres entrailles. Le public acclama le taureau et le taureau, encouragé par les applaudissements, se tourna à nouveau vers le cheval mourant. À ce moment-là, un valet de pied adroit jeta le drap rouge au visage du taureau et celui-ci se tourna pour le poursuivre. Mais en vain ! Chargez la vision rouge autant qu'il le pouvait, il n'a jamais capté que du vide ! Il n'a jamais pu attraper l'homme.

Alors le taureau vit un autre cheval se diriger aveuglément vers lui, car, bien qu'ayant les yeux bandés, le vieux cheval pouvait encore sentir le taureau et le sang, et n'avançait que sous la pression d'un éperon et d'une mors sauvages. Le taureau resta un moment à regarder le cheval et son cavalier, puis il chargea sur eux la tête baissée. Il attrapa le cheval au ventre et lui arracha les entrailles qui traînaient par terre, tandis que le brave *picador* continuait à le chevaucher et cherchait encore une fois à attirer l'attention du taureau.

Mais le taureau était maintenant fatigué. Il pensait à ses pâturages de montagne et aux herbes douces et longues des hautes terres. Il rentrerait chez lui. Il ne se battrait plus. Il voulait sortir, il avait très envie de sortir. La foule maintenant sifflante lui faisait encore plus peur que lorsqu'elle l'acclamait. Il a parcouru le ring en essayant toutes les portes verrouillées. Il ne pouvait pas les forcer. Puis il essaya d'escalader le haut mur, de sauter par-dessus quand même. Il était affolé d'une panique pathétique. Mais des hommes en criant se tenaient autour du parapet et lui frappaient la tête. Alors il abandonna et revint au centre du ring, haletant, la langue pendante, la mousse dégoulinant de ses mâchoires. Il était complètement essoufflé.

LES JARDINS DE CHAPULTEPEC

C'était maintenant l'occasion pour Manzanillo. Il portait une petite écharpe violette à franges dorées sur son bras gauche et sa longue épée nue et droite dans sa main droite. Il se tenait juste devant le taureau. Il croisa son regard. Il brandit la bannière violette. Presque imperceptiblement, il s'approcha. Le taureau le regardait fixement, les jambes écartées, les côtés haletants, la queue battante, la tête baissée, fatigué mais prêt à charger. Puis, rapide comme l'éclair, Manzanillo s'approcha du taureau, droit devant lui, et, tendant la main à bout de bras, enfonça l'épée jusqu'à la garde, jusqu'entre les omoplates. C'était un coup mortel, une poussée merveilleuse, parfaite, précise, fatale. Seul un maître dans son métier pouvait accomplir un acte aussi parfaitement exact. Et aussi vite que l'éclair, Manzanillo s'écarta, croisa les bras et resta immobile, à moins de dix pieds du taureau, pour le regarder mourir. Il n'a fait qu'un grand salut au public. L'Espagnol est un connaisseur de tous les coups de maître délicats et subtils de ce duel entre l'homme et la bête. Manzanillo avait maintenu sa réputation de plus grand torero vivant de la vieille Espagne. Le courage, l'agilité, l'acte fulgurant – trop rapide pour que l'œil humain puisse le suivre – le jugement parfait du temps, de la distance et de la force, tout cela il avait maintenant fait preuve. Le vaste public éclata en un « Bravo » simultané, se leva puis, comme le *matador*, resta silencieux et essoufflé pour regarder le taureau mourir, pour voir le sang chaud couler de la bouche et des narines, les cuisses et les épaules robustes. tremblez, les genoux puissants se plient. Le nez s'enfonçait dans la poussière, les genoux tremblaient, le taureau roulait dans le sable, tout à fait mort. Manzanillo sortit son épée puante. Il s'inclina de nouveau devant la grande foule, et aucun être humain n'a jamais reçu une ovation plus écrasante que lui. Des fleurs lui furent jetées en tas. Parfois, les femmes enlèvent même leurs bijoux, les jettent et embrassent le héros lorsqu'elles le rencontrent plus tard dans la rue. La joie de la soif de sang est si grande ! De même, la frénésie de l'arène romaine s'est transmise à certains des fils dégénérés de Rome. Des mules aux joyeux atours rouges et dorés traînaient désormais le taureau comme elles avaient fait le cheval. Il y aurait ce soir des ragoûts bon marché pour la multitude de la ville.

LA POUSSÉE FATALE DE MANZANILLO

Le taureau suivant était noir de jais, grand, robuste et féroce. Il dédaignait de charger ou d'encorner un cheval aux yeux bandés, mais il poursuivait un homme partout où il était en vue. Un tel taureau est selon le cœur espagnol ! Le public l'a chaleureusement acclamé. Il a déchiré trois ou quatre chevaux simplement parce qu'il le fallait, afin d'atteindre l'homme sur leur dos. L'un des chevaux avait été déchiqueté par le premier taureau, mais ses entrailles poussiéreuses avaient été remises en place, la déchirure recousue, et sous un éperon et un mors cruels, il avait été présenté au deuxième taureau pour être à nouveau magnifiquement et finalement grand ouvert. , monté autour du ring par son cavalier qui s'incline, les entrailles ensanglantées traînant dans la poussière, et applaudi jusqu'à la mort par la multitude assoiffée de sang ! Le deuxième taureau était un jeu ! Les *banderilles* furent placées avec danger et difficulté. Ce sont deux bâtons enrubannés terminés par des gaffes en acier qui sont plantés dans les épaules du taureau, ajoutant à l'irritation des rosettes et augmentant son désir de vengeance. Dans le premier taureau, ils étaient parfaitement plantés et trois couples s'installèrent. Dans le second, un seul fut d'abord mis en place, puis un couple, puis encore un. Chaque réglage des *banderilles* est un exploit dangereux ! Le taureau doit être approché par l'avant. Au moment où ils sont coincés dans l'animal enragé, le *banderillador* doit s'écarter. Il doit être rapide, très rapide, aussi rapide que le *toréador* pour lancer son coup d'épée fatal. Et il n'est pas rare que le *banderillador* soit jeté, et peut-être encorné et tué par le taureau. C'est pourquoi l'acte, bien accompli, reçoit des applaudissements assourdissants. Malgré son courage farouche, ce splendide taureau noir a enfin rencontré son destin inévitable, sous la poussée parfaitement habile de Manzanillo.

Le troisième taureau était le plus gros et le plus vieux à ce jour. Les chevaux ont été déchirés par lui dans une succession passionnante et un *picador* a été attrapé sous son cheval tombé et gravement meurtri. Il n'était pas non plus si facile de tuer ce taureau. Le *matador* perdit un peu son sang-froid. L'épée n'est allée qu'à moitié. Il a fallu un certain temps au taureau pour saigner intérieurement et mourir. Avec la poignée de l'épée agitée entre ses omoplates, il essaya de suivre et d'encorner le *matador* , mais ses forces commençaient à faiblir. Il resta immobile, la tête baissée, les genoux pliés, il s'agenouilla. Et le vaste public restait silencieux et silencieux pour regarder avec une attente ravie l'arrivée finale de la mort. Lorsqu'il se retourna tout mort, les jolies femmes dans la loge derrière moi crièrent et agitèrent leurs mains délicates avec une joie folle.

Le quatrième taureau venait juste d'être introduit lorsque la brutalité, la cruauté et l'horreur de tout cela m'ont vraiment nauséeux. Je me levai pour partir. Mon ami a dit à nos voisins que j'étais « malade ». Autrement, ils n'auraient pas compris mon départ en plein combat. Plus tard, j'ai entendu dire que c'était un très beau spectacle, car, comme s'exclamait avec ravissement un petit garçon mexicain, « ils ont tué six taureaux et treize chevaux ! C'était *magnifique* !"

TOMBE DE JUAREZ ET COURONNES D'ARGENT

Alors que j'étais assis et regardais les dix mille visages de toutes classes, riches et pauvres, tous radieux et frénétiques de la soif de sang et de la joie de voir une créature torturée jusqu'à la mort, j'entendais alors le bruit de l'immense église. les cloches, appelant aux offices des Vêpres, avant même la fin du spectacle, je compris que, sûrement, j'étais parmi un peuple différent, élevé dans une civilisation différente de la mienne ; une civilisation encore médiévale et toujours aussi cruelle que lorsque l'Inquisition assouvit même le fanatisme de sa passion cultivée pour le sang ! J'ai aussi honte de dire que j'ai rencontré ce soir deux jeunes dames américaines, institutrices à Toluca, qui rentraient chez elles avec deux *banderilles* ensanglantées arrachées à l'un des taureaux – « des trophées à garder en souvenir ». Ils « avaient tellement apprécié ce beau spectacle ». Ainsi même mes compatriotes dégénèrent, ainsi le sauvage s'éveille dans leur cœur !

VIII
De la voiture Pullman au dos de mule

MICHOACÁN, MEXIQUE,

25 novembre.

Après la corrida, nous avons eu du mal à trouver une *cocha* pour nous emmener à la gare. En fait, nous n'avons pas pu en obtenir un. Nous étions obligés de dépendre des *cargadores* , qui portaient nos malles et nos sacs sur leur dos, pendant que nous nous bousculions sur les trottoirs bondés. Et ici, je pourrais remarquer, qu'il n'existe pas de droit de passage pour le piéton, que ce soit dans la rue ou sur le trottoir. Vous tournez à droite ou à gauche, comme cela vous convient le mieux, tout comme votre voisin. Vous traversez une rue à vos risques et périls, et vous priez vigoureusement les saints lorsque vous êtes déprimé.

Nous avons quitté Mexico vers cinq heures du soir, en prenant le chemin de fer national à voie étroite jusqu'à Acambaro et Patzcuaro, où nous attendaient des chevaux et un guide, d'où nous traverserions les hauts plateaux de la Tierra Fria et nous plongerions *enfin* dans les profondeurs reculées de la *Tierra Caliente* , le long du cours inférieur du Rio de las Balsas, où elle forme la frontière entre les États du Michoacan et de Guererro, en direction du Pacifique.

L'ARBRE OÙ CORTEZ Pleurait EL NOCHE TRISTE

En quittant la ville, nous traversâmes de vastes champs de maguey et commençâmes à gravir la forte pente qui nous élèverait d'environ quatre mille pieds avant de descendre dans la vallée de Toluca, plus élevée, mais non moins fertile que le bassin. d'Anahuac. Avant de gravir très loin la montagne, l'obscurité s'abattit précipitamment sur nous, car il n'y a pas de crépuscule sous ces latitudes méridionales.

Nous étions à Acambaro pour le petit-déjeuner et avons traversé toute la matinée un pays vallonné, cultivé et boisé, semblable aux comtés d'herbe bleue de Greenbrier et de Monroe en Virginie occidentale. Ici, nous avons traversé certains des plus beaux paysages de tout le Mexique. Il s'agit d'une région de hautes terres tempérées au milieu des tropiques, si haute que se trouve la terre, soit sept à huit mille pieds au-dessus de la mer. Il y avait beaucoup de prairies et des champs de blé et de maïs sur plusieurs kilomètres de superficie. Çà et là, on rassemblait les récoltes, et des attelages de bœufs traînaient des charrues en bois, les bœufs tirant par le front comme en France. Plusieurs récoltes successives par an sont faites sur ces terres. Il n'y a pas d'autre fécondation que le sourire de Dieu, et ces cultures sont ici cultivées depuis mille ans, l'irrigation étant généralement utilisée pour suppléer aux pluies incertaines. Nous traversâmes des vignobles, des vergers de pommiers, de pêchers et d'abricotiers , des forêts de chênes et de pins, plusieurs lacs, Cuitzeo et Patzcuaro, étant le plus grand d'entre eux, des lacs longs de vingt à trente milles et larges de dix à vingt. Jamais encore d'autre embarcation qu'une pirogue indienne n'a traversé leurs eaux vert clair et saumâtres.

Ces lacs des hautes terres du Mexique sont le lieu de repos de millions de canards et autres oiseaux aquatiques, qui descendent ici de l'extrême nord pour passer l'hiver. C'est leur période de vacances. Ils ne nichent pas et ne se reproduisent pas au Mexique. Ils sont ici en tant que visiteurs migrateurs hivernaux. Le Mexique est le terrain de pique-nique de tous les canards. Sur les lacs Tezcoco, Xochimilco et Chalco, près de Mexico, la destruction des canards fatigués est une occupation pour des centaines d'Indiens, les oiseaux étant si fatigués après leur long vol depuis les aires de reproduction subarctiques, qu'il faut souvent plusieurs jours avant ils sont capables de sortir de l'eau, une fois qu'ils s'y sont installés. Les Indiens pagayent parmi eux avec des torches ou au clair de lune, et les matraquent à mort, ou les rassemblent avec des filets ou même à la main, tant ils deviennent des proies faciles.

Pendant de nombreux kilomètres, notre train a longé ces belles nappes d'eau, et les échassiers et les nageurs le long des rives étaient si apprivoisés qu'ils prenaient rarement la fuite, mais nageaient et plongeaient, battaient des ailes et jouaient parmi les carex comme si aucun train de chemin de fer ne rugissait. par. Parmi eux, j'ai cherché le magnifique flamant écarlate et la spatule rosée, mais je n'en ai vu aucun, bien qu'on dit qu'ils fréquentent souvent ces eaux peu profondes, mais j'ai vu des pélicans, des hérons et des aigrettes par milliers.

La première ville importante que nous atteignîmes, après avoir quitté Acambaro, fut Morelia, ville de plus de trente mille habitants, et capitale de l'important état de Michoacan. Les personnes rassemblées à l'arrivée du train étaient de couleur plutôt plus foncée que celles de Mexico, ce qui semblait indiquer une plus grande infusion de sang indien. Ici, nous vîmes pour la première fois un certain nombre de prêtres vêtus de soutane et de chapeau de pelle, costume désormais interdit par les lois.

C'est également à cette station que nous rencontrâmes un curieux tubercule qui semblait être le cousin de l'igname et de la pomme de terre irlandaise. Les Indiens le font cuire et vous le remettent débordant d'une blancheur farineuse d'un goût des plus savoureux. Le Mexicain mange quand l'occasion se présente, et comme l'occasion se présente sans cesse, il mange toujours. C'est du moins le cas de l'Indien. Des plats cuisinés et des fruits sont vendus à tout moment dans les rues et les autoroutes du monde entier. Le *tamale chaud* et une douzaine d'aliments similaires poivrés et brûlants sont toujours disponibles. Les oranges et les citrons, les citrons verts et les grenades, les figues et les bananes, les noix de coco et la canne à sucre sont vendus à un prix si bas que les plus pauvres peuvent les acheter. Les fruits confits sont abondamment consommés et de délicieuses pâtes de goyave sont présentées jusqu'aux vitres des voitures sur de petits plateaux.

Notre dormeur n'allait que jusqu'à Morelia. Après cela, nous avons voyagé en autocar de jour. Nos compagnons de voyage étaient trois ou quatre messieurs mexicains, qui restaient étroitement ensemble et fumaient sans cesse des cigarettes. Dans le car de jour, nous voyagions désormais avec des gens de la campagne. Un grand prêtre aux cheveux blancs, en soutane et chapeau pelle, pieds nus chaussés de sandales de cuir noir, était assis juste en face de moi. Un grand crucifix en laiton, long de six ou huit pouces, accroché à son cou, suspendu par une lourde chaîne en laiton, était son seul ornement. Il était très intéressé par mon Kodak et me regardait prendre des photos du panorama volant. Il a indiqué qu'il aimerait se faire prendre en photo, se préparant gravement à cette épreuve. A peine avais-je pris le *prêtre* en photo que plusieurs de ses paroissiens se sont approchés et ont laissé entendre qu'ils seraient également heureux que je prenne leurs portraits. La pellicule sur laquelle ces photos ont été prises a été perdue depuis, sinon je pourrais vous présenter ces amis.

LAC PATZCUARO

A mesure que nous approchions de Patzcuaro, la voiture se remplit, et parmi les arrivants se trouvaient un certain nombre de jolies *señoritas* de type espagnol de grande classe. Leur peau était claire, les contours de leur visage étaient doucement moulés et leurs grands yeux sombres brillaient sous leurs cheveux corbeau. La plupart des dames fumaient des cigarettes, car chaque voiture est une voiture qui fume dans cette terre hispano-indienne. Très peu d'Indiens prenaient le train. Le chemin de fer est pour eux un moyen de transport trop coûteux.

Il était plus de midi lorsque nous arrivâmes à Patzcuaro, une ville qui comptait peut-être dix mille âmes. Pendant plusieurs kilomètres, nous avions suivi les rives du lac de ce nom. Au loin, à travers les eaux vert clair, j'ai remarqué de nombreuses îles. Sur l'un d'eux se dresse l'église de la Mission, où est conservé le célèbre tableau d'autel supposé être celui du Titien, tableau si sacré qu'il a rarement été regardé par les hommes blancs, et encore moins par un gringo *hérétique* . J'avais espéré pouvoir traverser le lac et voir le précieux tableau, malgré le soin jaloux avec lequel on dit que les Indiens le gardent, mais la hâte du voyage a rendu cela impossible.

Une foule d'Indiens presque purs était rassemblée pour accueillir le train. Ils nous surveillaient de près pendant que nous négociions pour que nos malles et nos sacs soient transportés sur le dos de *cargadores enthousiastes* , sur trois kilomètres en haut de la longue colline menant à la ville. Nous, les passagers, sommes entrés dans un tramway antique, tiré par six mules. Il était rempli à craquer, la plupart des occupants étant des dames de la ville, qui étaient descendues pour voir le train arriver et qui revenaient maintenant. Parmi eux se trouvait un dont le visage craquelé, m'a-t-on dit, révélait la lèpre, une maladie qui n'est pas rare ici. Peu de *gringos* visitent Patzcuaro, et nos étranges vêtements étrangers et notre langage inconnu faisaient l'objet de curieux commentaires. Nos mules gravissaient la colline au galop, poussées par un cuir brut impitoyable. Nous nous arrêtons finalement devant une auberge pittoresque et ancienne, La Colonia. Par une grande porte ouverte, dans laquelle pouvait entrer un carrosse, pénétrant un haut mur blanc, nous passâmes dans une cour intérieure mal pavée, où notre hôte, le propriétaire, nous accueillit avec une cérémonie solennelle. Il nous fit ensuite monter une volée de marches en pierre jusqu'à une large place pavée de pierres qui faisait le tour de l'intérieur de la cour. On nous avait attribué des chambres donnant sur ce couloir ouvert, chaque porte étant lourdement fermée à clé par une grosse clé de fer. A peine avais-je atteint mes quartiers que le *cargadore* apporta ma malle. Il l'avait transporté deux milles sur son dos en un temps presque aussi rapide que nous l'avions fait dans la voiture à six mulets. Je lui ai payé vingt-cinq cents (mexicains) pour ce service (dix cents en argent des États-Unis). Il s'inclina avec gratitude devant mes honoraires libéraux.

NOTRE DÉPART—FONDA DILIGENCIA

L'auberge fait face à une large *place* autour de laquelle se trouvent de nombreux bâtiments anciens en pierre et en pisé, car Patzcuaro est une vieille ville et était la principale ville de Tarascon avant que Cortés et ses *conquérants* n'en fassent la capitale d'une province espagnole. D'un côté de la *place* se trouve une grande église avec une tour, tandis qu'à côté se dressent les vastes murs en ruine d'un couvent démantelé. Sur le côté opposé se trouvent de nombreuses petites boutiques, et sur les deux autres se trouvent des auberges de la ville avec leurs cours tortueuses, à l'intérieur desquelles se rassemblent et se dispersent des flots constamment en mouvement de cavaliers, de muletiers et de bêtes de somme. Patzcuaro est la porte d'entrée par laquelle un grand commerce est transporté par des milliers de bêtes de somme et de transporteurs indiens vers tout le pays du sud-ouest, même jusqu'à La Union sur le Pacifique, à cent milles de distance. Jusqu'à récemment, par ici passait également une grande partie du trafic qui traversait le Rio de las Balsas et les Cordillères jusqu'à Acapulco.

Mes compagnons de voyage sont trois. Il y a « Tio », comme nous l'appelons familièrement, qui est le leader de notre entreprise. C'est un alpiniste au gabarit géant du Moyen-Ouest, qui a passé toute sa vie à prospecter les montagnes Rocheuses et les Cordillères, du Canada à l'Amérique centrale. Comme tous ceux de cette race en voie de disparition rapide, le prospecteur solitaire, il est visionnaire et sanguin de tempérament, et un délicieux compagnon pour une plongée dans les régions sauvages et solitaires des

Cordillères. Son imagination est éternellement enflammée par les *ignes-fatui* des richesses minérales, et il a découvert, exploité et perdu cent fortunes sans que la faim d'or-argent-cuivre qui ne cesse de lui ronger les entrailles ne diminue. Ses muscles sont de fer, sa voix est grave et résonante. De nature gentille, sa vie solitaire l'a rendu réservé et autonome. Ce n'est qu'accidentellement que j'apprends son passé. Une légère cicatrice sur le dos de sa main droite est tout ce qui témoigne de l'écrasement d'un Indien furieux *du mescal* qui s'était un jour opposé à lui avec *un cuchillo meurtrier à deux lames* ; une balle lui effleurant le front est sa seule référence à un duel à mort, où, murmure-t-on, les yeux noirs d'une *señorita* étaient autrefois impliqués. Sombre, robuste et silencieux, il se déclare un homme de paix, et personne ne se soucie de troubler cette tranquillité. Mais malgré son austérité, Tio a une faiblesse. Il n'est pas peu fier de sa maîtrise des subtilités idiomatiques de la langue ibérique. Rien ne le ravit plus que de consterner un humble *péon* par le mugissement sonore d'une salutation écrite en espagnol vernaculaire ou en tarascon. Il monte à mes côtés et me fait découvrir l'histoire, la géographie et les probables richesses minérales des terres que nous traversons.

LE COUVENT DÉMANTELÉ—PATZCUARO

Ensuite, il y a « El Padre », comme nous l'appelons, qui se joint à notre groupe en tant qu'invité et pour le plaisir et le profit de visiter les régions les plus sauvages et les plus reculées du grand État du Michoacan. Il est pratiquement l'évêque président des Missionnaires baptistes du Mexique, car en tant que secrétaire général, il visite leurs différentes stations, gère les fonds envoyés par le Conseil général de Richmond, en Virginie, et accomplit un travail inestimable en organisant et en dirigeant la propagande commune. Il est originaire du Tennessee, diplômé de l'Université de cet État, un homme cultivé et érudit qui parle l'espagnol classique et maîtrise également les dialectes locaux. Je le trouve très respecté par les principaux Mexicains que nous rencontrons, et en plus c'est un camarade des plus charmants et des plus intelligents. Il est habile à régler tous ces petits conforts du camp que seul le voyageur expérimenté peut connaître, et par sa bonhommie et sa courtoisie, il gagne la bonne volonté du *seigneur* et *du péon , tandis que même les padres* romains que nous rencontrons lui rendent ses salutations avec salutation amicale.

Izus Hernandes, notre *mozo* , complète la fête. Il vit à Patzcuaro, où *Mme* Hernandes élève sa nombreuse progéniture, car il est père de onze enfants vivants. Il est petit et mince, avec une barbe noire foncée couvrant son visage. Sa couleur est brun pâle et, comme la plupart de la population des environs, il a dans les veines beaucoup de sang tarascon. Ses manières sont douces et courtoises, voire suaves envers Tio, El Padre et moi-même, mais ses ordres sont précis et péremptoires envers les cavaliers et les palefreniers des *ranchos* et *fondas* où nous nous arrêtons. Il a passé sa vie à parcourir ces sentiers entre Patzcuaro et La Union et Acapulco, conduisant des bandes de bêtes de somme et agissant comme escorte pour des groupes de *Dons* et *Doñas* lorsque des gardes fidèles étaient demandés. Il fournit ses propres bêtes de somme, est passé maître dans l'art d'attacher une charge, conclut toutes les négociations et paie toutes les factures en notre nom. Il est notre coursier et valet de camp réunis. Et il se montre digne de son salaire – deux *pesos d'argent* (80 cents États-Unis) par jour – car il ne nous fait jamais défaut tout au long du voyage.

Nos chevaux ont été sélectionnés avec soin et ferrés à neuf. Tio chevauche une courageuse jument blanche, tandis qu'El Padre monte un oseille alezan, maigre et endurci pour le sentier et à l'allure de géant, un cheval célèbre pour ses journées fatigantes de voyage en montagne. On m'a réservé le plus beau des monts, un mulet noir aux membres de fer – le mulet est la bête de selle royale et honorée dans tous les pays espagnols – une bête qui témoigne bien du choix judicieux d'Isus.

IZUS ET EL PADRE

Notre venue étant attendue, des dispositions avaient été prises pour notre prochain voyage vers le Sud. Notre *mozo* nous attendait dans la cour de la Fonda Diligencia avec les quatre bêtes de selle et deux bêtes de somme, un bronco noir et un gros mulet de bât blanc. Nous emportions de confortables lits pliants, enroulés en paquets compacts, et de la nourriture supplémentaire en échange de rations courtes, lorsque nous devions atteindre les frontières de Guerrero. Nous sommes munis d'immenses *sombreros mexicains* , en paille légère tressée, qui nous coûtent quinze *centavos* pièce, la haute couronne pointue et le large bord protégeant complètement la tête et le cou du soleil.

Nous avons avec nous des vêtements lourds et des flanelles pour notre voyage le long des hauts plateaux de la *Tierra Fria* et aussi les vêtements les plus fins en lin et en laine pour nous protéger du soleil brûlant lorsque nous descendrons dans les niveaux chauds de la Tierra *Caliente* . J'ai acheté une paire d'immenses éperons mexicains et la bouche de ma mule est obstruée par une masse de fer méchant, calculée pour briser la mâchoire avec peu d'effort, si je tire assez fort sur ma bride de cuir brut. Un aiguillon en cuir brut est suspendu d'un côté du pommeau de ma selle et le revolver de mon Colt à long canon, chargé et prêt à être utilisé instantanément, est suspendu de l'autre. Nous sommes tous armés et notre *mozo* a une épée redoutable et ancienne attachée le long du côté gauche de la selle, sous sa jambe.

Nous avons dîné dans la salle à manger aux plafonds bas du Colonia, d'un dîner bien servi composé de riz bouilli, de poulet bouilli, d'ignames et de poivrons, et de tasses de café noir fort, bu avec du sucre, mais pas de lait. Nos vêtements de ville sont laissés dans une chambre dont nous avons payé le loyer quinze jours à l'avance et dont nous emportons la grosse clé en fer.

Nos regards et nos manières d'être étrangers ont attiré beaucoup d'attention dans la ville. Une foule s'est rassemblée dans la cour de la *fonda* pour nous accompagner. Notre arrivée et notre départ étaient des événements. Il n'était pas non plus simple d'emballer notre équipement en toute sécurité et de l'équilibrer correctement sur les bêtes. Mais Izus était un expert, et avec plusieurs mètres de corde de palmetto, il a finalement sanglé rapidement les charges. A un mot de lui, les bêtes de somme sortirent au trot de la cour *de la fonda* , lui suivant derrière, tandis que nous fermions la marche. « *Adios, adios, señores* », criait la foule. « *Adios, adios* », avons-nous répondu.

Nos animaux connaissaient parfaitement la route. Ils l'avaient parcouru plusieurs fois auparavant. Nous serpentâmes et serpentâmes dans des rues étroites, passâmes devant plusieurs larges *places* , puis, empruntant une rue plus large que les autres, commençâmes l'ascension vers les collines qui s'étendent à l'arrière de la ville.

IX
Un voyage sur les hauts plateaux

ARIO, MICHOACAN, MEXIQUE,

26 novembre.

À mesure que nous montions de plus en plus haut vers le sommet des collines, la ville se nichait au-dessous de nous, à moitié cachée parmi des arbres ombragés et des bosquets d'orangers, d'abricotiers et de figuiers, tandis qu'au-delà d'elle, vers le nord-est, s'étendait l'étendue vert clair de belles Lac Pátzcuaro. Le panorama devant moi, tandis que je me tournais sur ma selle pour le contempler, présentait une vue de bois et d'eau, de pays fertile, cultivé et bien peuplé, ravissant les yeux de tous. Nous traversions un pays jouissant d'un des climats les plus salubres du monde.

Nous étions partis vers quatre heures de l'après-midi, et avant d'avoir parcouru plusieurs kilomètres, les ombres commencèrent à se glisser à travers le paysage, puis, soudain comme la chute d'un rideau, la plénitude de la nuit tomba. Cette absence de crépuscule me surprend toujours toujours. Je ne m'habitue pas encore à cette extinction immédiate du jour. Le bannissement soudain du soleil ne m'inquiétait cependant pas, malgré l'état effroyable des sentiers labyrinthiques que nous parcourions, car la lune était pleine. Il brillait avec la splendeur et la puissance que lui assuraient notre altitude et notre latitude tropicale. Nous étions à plus de sept mille pieds au-dessus de la mer et nous nous élevions à chaque lieue. L'atmosphère fine et translucide donnait à la lune une merveilleuse qualité d'éclairage. Elle brillait blanche et radieuse, d'un éclat qui permettait de lire facilement un journal. Le paysage, les vastes étendues de champs cultivés, les milliers d'acres de maïs, de blé et d'herbes vallonnées, les bosquets denses et les bosquets épineux tissés de vignes, les kilomètres de plantations de maguey, les vergers de pommes, d'abricots, de citrons et des tilleuls, gisaient illuminés et distincts dans l'étrange lumière blanche, révélée avec presque la même vivacité que pendant la journée. Seules les ombres étaient sombres, nettes, noires et solides. Pendant plusieurs kilomètres, nous avons parcouru des forêts de chênes et de pins, notre petite caravane apparaissant et disparaissant dans le noir de l'ombre puis dans la clarté du rayon de lune, dans un perpétuel cache-cache. Nous croisâmes des multitudes de bêtes de somme, en troupeaux d'une vingtaine ou plus, généralement conduites par une jument cloche, et suivies de deux ou trois ' *cherros* en *zerape et sombrero* battant , ainsi que de nombreux *burros* , ceux-ci généralement conduits par des Indiens. Ici et là, nous rencontrions un feu flamboyant au bord de la route, où campaient pour la nuit les *cargadores* , rôtissant *des tortillas* et bouillant *des frijoles* , ou enveloppés dans leurs *zerapes* , le menton entre les genoux, endormis devant les braises vacillantes.

LA ROUTE VERS LE PACIFIQUE

Il était neuf heures lorsque les murs blancs de Santa Clara brillaient devant nous. Nous vîmes une longue rue pavée se terminant par une petite *place* remplie de grands arbres plantés anciennement. Le long de la rue, il n'y avait que de hauts murs nus, blancs, en pisé, rarement une lueur de lumière brillait à travers une petite fenêtre haute. Au milieu de cette rue, nous tournâmes devant une large porte et, traversant le bâtiment bas qui l'entourait, nous entrâmes dans une grande cour pavée de pierre. Les dos de trente ou quarante mulets de bât, venus des basses terres du Pacifique, étaient ici déchargés de noix de coco, de sel et de feuilles de palmier séchées pour la fabrication de cordes et de nattes. Les cochers et les garçons d'écurie juraient mélodieusement en espagnol et en tarascon. Il y avait partout une grande agitation et personne ne nous prêtait la moindre attention. Nous nous arrêtâmes et descendîmes de cheval. Notre *mozo* Izus, a pris en charge nos animaux. Un Mexicain au teint basané et costaud nous a demandé de déposer nos effets personnels dans une petite pièce, où furent bientôt déposés également nos bagages. Il a ensuite verrouillé la porte et nous a donné une grosse clé en fer comme preuve de possession. Dans une autre maison, plus loin dans la rue, nous avons trouvé une vieille dame indienne qui nous a donné du riz bouilli, des poivrons et un plat de poulet cuit, en plaçant devant nous des tasses d'eau bouillante et un petit pichet en terre de café noir et fort. . Quelques cuillerées de ceci, mises dans l'eau, m'ont donné une délicieuse tasse de boisson parfumée, et un morceau de cassonade indigène l'a parfaitement sucrée. Je recommande cette méthode de préparation du café. Chaque femme au foyer du Mexique torréfie, broie et fait couler sa propre essence de café dans de petits sacs en flanelle. Elle le garde toujours à portée de main. Il y a toujours de l'eau chaude qui mijote sur le four en argile, et ce n'est qu'un instant de soin de fournir au voyageur autant de boisson parfumée et vivifiante qu'il en a besoin.

Dans une autre maison, de l'autre côté de la rue, nous étions couchés pour la nuit. Une seule grande pièce avec de hauts plafonds, située à côté d'une grande cour aérée, nous a été attribuée. Les lits en fer étaient étroits, chacun avec un matelas mince et sans ressorts, mais il y avait des couvertures tissées à la maison pour nous rouler et le matin, des bassines en cuivre battu nous étaient apportées pour nous laver, avec de l'eau versée depuis de gracieuses aiguières en métal semblable. ; témoignages de la survie d'une industrie indigène pour laquelle cette région et cette ville sont célèbres depuis l'époque de la domination tarasconnaise. J'essayai d'acheter ces beaux ustensiles de cuivre, mais mon hôtesse ne voulut rien accepter, quoique je lui offrasse en réalité une grosse somme dans mon empressement à les posséder. C'étaient des objets de famille, dit-elle, et trop précieux pour que l'argent puisse en profiter.

À PROXIMITÉ D'ARIO

La nuit était froide, presque glaciale. Sur ces hauts plateaux, à un mille et demi au-dessus de la mer, le rayonnement de la chaleur du soleil est rapide et, toute l'année, le matin, le thermomètre est généralement proche de trente-neuf degrés (Fahrenheit).

Nous nous sommes levés de bonne heure, hors de la ville, et de nouveau parmi les champs cultivés, les vergers, les forêts de pins et de chênes, avant que le soleil ne devienne un peu oppressant.

Pour l'instant, je n'ai pas vu beaucoup d'oiseaux au Mexique, seulement des oiseaux aquatiques le long des lacs et quelques pinsons dans les fourrés le long du chemin. Aujourd'hui, nous avons voyagé en compagnie de nombreux corbeaux. Ils sont apprivoisés et sociables, tant la vue des mules et des hommes est habituelle le long de cette route fréquentée.

Santa Clara est proche de la hauteur des terres. Sept mille deux cents pieds au-dessus de la mer, déclara mon anéroïde, et à partir de cette altitude nous commençâmes à descendre. Les trente milles jusqu'à Ario ne représentent qu'une descente constante, une chute graduelle de douze cents pieds.

Tout ce pays est constitué de vastes *haciendas* de plusieurs milliers d'acres et appartient principalement à des propriétaires fonciers non-résidents qui visitent rarement, voire jamais, leurs propriétés, mais font entièrement confiance aux surveillants pour les gérer et les exploiter et tirer un revenu du malheureux péon. C'est une terre d'une grande fertilité. Seules les méthodes agricoles les plus primitives sont employées et le travail est effectué de la manière la plus inefficace. Pourtant, d'énormes revenus sont retirés de la terre et dépensés par l' *haciendado éloigné* dans sa maison citadine au Mexique, à Paris ou à Madrid. On dit que ces terres sont commercialisables (achetables) à environ dix dollars (mexicains) l'acre, disons quatre dollars en monnaie américaine. Tout en parcourant kilomètre après kilomètre cette superbe fertilité dans un climat tempéré toute l'année, j'ai beaucoup réfléchi à quel jardin il aurait pu être, et il pourrait encore l'être, si jamais l'Américain économe a il en possession.

Vers midi, nous avons commencé à avoir une vue plus large du paysage qui s'ouvrait devant nous vers le sud et l'ouest. Notre altitude diminuait régulièrement et, à plusieurs kilomètres de distance, apparemment, il y avait un soudain abaissement de la terre vers des profondeurs profondes et indéfinies, d'où venait l'impression de verdure tropicale, toute l'étendue soutenue à l'horizon par des lignes bleues et dentelées de hautes montagnes. des chaînes de montagnes, des pics et des sommets qui perçaient parfois le zénith, loin au sud-ouest. Il s'agissait des puissantes cordillères de Guerrero, situées à une centaine de kilomètres de là et qui fermaient la vue sur l'océan Pacifique juste au-delà. Par un temps totalement dégagé, dit-on, on peut également apercevoir les cônes enneigés de Colima, loin au nord-ouest, mais en regardant le plus attentivement possible, nous ne pouvions apercevoir le puissant volcan.

Des milliers de bovins sont élevés au Mexique et nous avons croisé de nombreux troupeaux étendus conduits vers Patzcuaro. Ils étaient poussés par *des vaqueros bruyants* , jurant musicalement les immenses et encombrants serments espagnols. Pourtant, nous n'avons vu presque aucune vache laitière et les rares que nous avons vues étaient celles rassemblées dans un *enclos* près d'un large bâtiment au toit de chaume, connu sous le nom de « vache à lait ». ranch », un établissement où le lait est collecté et expédié vers Ario, à proximité, et où le beurre et le fromage sont fabriqués pour la vente immédiate. Une croix sur le pignon indiquait qu'elle était sous la protection de la Vierge et, j'espère, assurait du lait pur à ses clients. De ma selle, j'ai pris un cliché du ranch et je vous envoie la jolie photo.

Notre route montrait désormais des signes d'être en meilleur état. Finalement, le dédale de sentiers complexes que nous avions parcourus s'est réuni, et l'ancien trottoir semblait maintenant intact. De chaque côté, de grands frênes s'étendant au-dessus de la route parfaite, des bancs en pierre sculptée se dressaient sous eux, et nous nous retrouvâmes à entrer dans l'importante ville d'Ario. C'est une localité de plus de cinq mille habitants, chef-lieu du district, domicile du *Jefe Politico* (le « chef politique », maire, gouverneur, patron et juge), sous la direction duquel le gouvernement central de Diaz maintient son contrôle ferme.

Nous passâmes devant une ancienne église, tournâmes à droite, passâmes par une large porte et nous arrêtâmes dans une cour bien dallée, au centre de laquelle une fontaine jouait au milieu de nombreuses plantes à fleurs et de cages d'oiseaux aux plumes gaies. C'était l'hôtel Morelos. Nous étions à la fin de notre voyage dans les Highlands. Nous arrivons à la dernière ville de la *Tierra Fria* . Nous étions au bord du pays chaud, la *Tierra Caliente* , qui s'étendait au-delà de nous, à une petite journée de route et au-dessous de nous six mille pieds.

UN RANCH DE LAIT—PRÈS D'ARIO

X
Un despote provincial et sa résidence

Avant-hier, je vous ai écrit depuis la curieuse et la plus ancienne ville d'Ario, mais je ne vous ai pas dit tout ce que je pouvais, faute de temps. La ville se dresse au bord des hautes terres, la *Tierra Fria* . Lorsque les Espagnols l'ont fondée, il y a plusieurs siècles, ils l'ont placée, avec un jugement stratégique, à un point qui lui permettrait de dominer les nombreuses pistes qui descendent ici vers les basses terres chaudes et mènent au Pacifique. Ils la placèrent sur un flanc de colline, comme c'était leur habitude, pour mieux assurer un drainage plus parfait, car, à cette époque, les ingénieurs sanitaires de la vieille Espagne savaient mieux assurer la salubrité des villes que les Anglais plus barbares et les moins civilisés. peuples de l'Europe du Nord.

Les rues d'Ario, y compris toutes les ruelles, sont pavées de pierres plates et pointues, posées sur le chant, fermement coincées, le trottoir allant de mur en mur avec au milieu une gouttière basse en pierre, dans laquelle débouchent tous les égouts des maisons du dessus. de chaque côté. Le long de ces gouttières centrales s'écoulent des ruisseaux d'eau qui coulent sans cesse, gardant la ville constamment propre. Ce même type de pavage et de drainage des rues prévaut autant que possible dans toutes les villes mexicaines. Dans toutes les villes importantes, l'eau était autrefois transportée par des aqueducs importants et souvent coûteux ; de façon moderne, grâce à des canalisations soigneusement posées. Au cours des siècles de domination espagnole, ces villes ont bénéficié d'un approvisionnement en eau pure, abondante et gratuite pour les habitants les plus pauvres. Il n'y a pas de tarifs d'eau au Mexique. L'eau est considérée comme l'un des dons de Dieu auquel tout homme et tout animal a un droit inaliénable. Le faire payer serait considéré comme indécent et criminel. Au Rancho Tejemanil, j'ai offert un *centavo à un garçon* pour m'avoir apporté une tasse d'eau froide. Il refusa de prendre la pièce et de la laisser tomber par terre, plutôt que de se déshonorer en la touchant. Il se détourna, la pièce se trouvant là où elle était tombée. Je me suis excusé auprès du maître de la maison pour avoir fait une chose telle que proposer de l'argent pour un verre d'eau. Il répondit : « *Si, Si Señor !* " " L'eau est en effet un don de Dieu, pour lequel aucun homme ne devrait être invité à payer. "

Bien qu'Ario se trouve à proximité de vastes forêts de pins et de chênes, tous les bâtiments sont construits en pierre et ciment, mortier et briques séchées au soleil. En effet, je n'ai vu aucune construction en bois au Mexique. Par conséquent, il règne dans les villes, les villages et même les villages mexicains un air de solidité substantielle, qui manque tout à fait aux villes américaines en bois.

L'AUTEUR—PLAZA GRANDE—ARIO

Nous avons apporté des lettres au Jefe Politico, *Señor Don* Louis Salchaga, despote du comté et gouverneur de la main de fer. Il était de constitution imposante ; grand, aux épaules larges, solidement tricoté, avec un menton fort et carré et un œil autoritaire. Ses cheveux étaient gris, presque blancs ; et une large moustache renforçait l'impression générale de son visage. Il était vêtu d'un uniforme militaire en lin. Il nous a accueillis avec la courtoisie espagnole. Il vit dans une maison en pierre à deux étages à l'intersection de deux rues, dont l'une mène à la *place* . En entrant par une porte étroite, sur le côté, nous nous trouvâmes dans une petite pièce pavée de ciment, dont les murs de pierre étaient peut-être autrefois blancs de chaux. Don Louis était assis à une table et examinait les papiers que lui tendait un jeune homme au visage sombre, qui se tenait à ses côtés. Lorsque nous sommes entrés, il les a signés à la hâte, les a poussés vers l'employé et s'est levé pour nous saluer. Nous avons appris par la suite quels étaient ces documents, l'un un décret mettant fin à un procès, l'autre un ordre de transfert d'un prisonnier d'une prison à une autre distante de quelques kilomètres. Un tel ordre équivaut à un arrêt de mort dans ce pays à la main de fer. En chemin, le prisonnier aurait « tenté de s'évader ». Forcément, ils ont été obligés de lui tirer dessus. Il est enterré là où il tombe.

Don Louis nous pressa de dîner avec lui ce soir-là à sept heures, après avoir poliment demandé à mes amis hispanophones si « *El Señor de Estados Unidos tiene dinero ?* » (Est-ce que le monsieur des États-Unis possède de l'argent ?) Mes amis ont répondu : « *Si, Si, Señor, mucho dinero* » (« Oui, oui, monsieur, beaucoup d'argent ; ») alors on nous a demandé de dîner ! Probablement, de tous les peuples de cette planète, aucun n'est plus expert dans l'extraction du *dinero* de la poche américaine que les gracieux Latins du sud. Si vous avez de l'argent, les lois ouvrent grandes leurs portes et tous les représentants du gouvernement vous félicitent, tout en piochant un peu dans votre poche sans méfiance. Même le *Padre* et l'Archevêque, moyennant de l'or, vous pousseront plus vite jusqu'aux portes du Paradis.

A sept heures, il faisait nuit ; les étoiles brillaient en grand ; la lune n'était pas encore levée. La ville était illuminée de lumières électriques. Lors de cette deuxième visite, nous ne sommes pas allés à la porte du bureau, mais sommes entrés dans l'entrée à large arche réservée aux hommes et aux bêtes. Nous sommes arrivés dans le *patio* carré habituel , où les eaux clapotaient et où des plantes tropicales, dont beaucoup en fleurs, étaient disposées dans des pots. *Don* Louis nous accueillit à notre entrée. Il se serra la main deux fois tout autour. Il nous a fait traverser la cour jusqu'à l'autre côté et dans la salle à manger, une pièce aux murs de pierre et de ciment avec un sol dallé en pierre, entièrement dépourvue d'ornements. Aucun tissu ne recouvrait la simple table en bois. Il y avait des bancs en bois le long du mur de chaque côté. Il nous a présenté sa femme, *Doña* Maria, et son petit-fils de douze ans. La *Doña* était grande, pour une Mexicaine, et grosse. Ses cheveux étaient blancs, séparés au milieu et ramenés doucement en arrière de son front. Elle portait une légère mousseline blanche. Elle n'exhibait aucun bijou, même si elle en possédait sans aucun doute. *Don* Louis portait un immense diamant à son majeur gauche, tandis qu'une lourde chaîne d'or autour de son cou retenait une grosse montre en or.

Notre hôtesse ne parlait pas anglais, mais notre hôte a dit qu'il pouvait le lire et le comprendre «parlé très lentement, un leetel»; « Mais le petit-fils, dit-il, avait un précepteur qui lui enseignait l'anglais, un jeune homme qui avait vécu six mois au Texas, à San Antonio, et qui maîtrisait là la langue du Nord ! Le repas était simple. Une très bonne soupe, parfumée à l'ail et aux poivrons, était suivie de riz bouilli et de poulet mijoté, d'un *dulce* , de goyaves en conserve vraiment délicieuses et de fromage. Ensuite, des tasses d'eau chaude et une petite théière d'essence de café ont été placées devant nous, et nous «caféons» l'eau à notre goût. Juste au moment où je présumais que nous touchions à la fin, un domestique entra et posa devant chacun de nous une assiette creuse de *frijoles* , avec une grande cuillère. Aucun Mexicain ne considère qu'un dîner se termine correctement sans *frijoles* . J'avais entendu parler des *frijoles* . On m'avait dit que *les tortillas* et *les frijoles* étaient le bâton de la vie mexicaine. Maintenant les *frijoles* étaient devant moi. Qu'étaient-t-ils? Mon assiette ne contenait que de gros haricots noirs flottant dans une fine soupe. Peut-être aurait-on dû vider l'eau, je ne sais pas, mais les grains flottaient et la liqueur était fine. Et *Don* Louis les mettait dans sa bouche avec un goût évident ! *Vivan frijoles !*

Don Louis résidait à Ario depuis trois ans. Il venait de l'état de Toreon. Combien de temps resterait-il à Ario ? Il ne savait pas. *Quien sait ?* El Presidente Diaz l'envoya ici et là, dans des États et des districts qui pourraient avoir besoin d'un lieutenant de confiance dont le sourire était bienfaisant et dont la main était d'acier éprouvée.

En réponse aux lettres que nous apportions, *le Señor Don* Louis nous remit d'autres lettres aux chefs du *District* — une sorte de lettre couverture circulaire — et laissa entendre qu'il ferait une partie du chemin avec nous le lendemain, ce qui, en fin de compte, il a réussi.

LA CORDILLERE LOINTE

Plus tard dans la soirée, nous avons également rendu visite au *señor Don* Juan Rodrigues Tarco, l'un des principaux citoyens d'Ario, avocat de distinction, et qui nous a remis des lettres au surintendant de la Mina El Puerto, à Churumuco, sur la rivière Balsas. Nous l'avons rencontré chez lui. Par une porte sans prétention, que vous pourriez franchir, nous sommes entrés dans un *patio* avec de nombreuses plantes à fleurs, des palmiers et une fontaine. Près de l'entrée, à gauche, nous entrons dans la salle de réception. Il s'agissait d'une grande chambre avec de hauts plafonds, un sol joliment carrelé, des tapis en palmier, des meubles français modernes en rotin, des murs et un plafond ornés de fresques de bon goût. Il y avait quelques beaux tableaux aux murs, un piano droit neuf et plusieurs bibliothèques en acajou dont les étagères étaient bien remplies de livres, pour la plupart en espagnol, quelques-uns en français et en anglais. Il y avait des vases en porcelaine et de belles lampes modernes. Dans n'importe quelle ville, cela serait considéré comme une chambre d'élégance, et dire que tout le luxe que nous avons vu a été transporté sur plus de cinquante milles sur des sentiers effrayants, sur le dos d'hommes et de mulets !

El Señor était un petit homme brun, alerte dans ses mouvements et vif d'esprit, un gentleman, possédant une vaste connaissance des richesses minérales du Michoacán. Il a étudié dans les universités de Morelia et de Mexico. C'était un libéral en politique et il parlait avec enthousiasme du Mexique moderne, de ses ressources minérales, de l'éveil de ses industries, de la croissance de son commerce. Il lisait le français et l'anglais, mais ne parlait que l'espagnol. Ses fils étaient à l'école, à Toluca, et apprenaient l'anglais. C'est le grand désir des jeunes du Mexique d'apprendre à parler anglais, a-t-il déclaré. La langue est déjà enseignée dans toutes les principales écoles du Mexique. Il devient la langue des affaires et du commerce. D'ici de nombreuses années, ce sera la langue principale du Mexique, et il regrettait de n'avoir pas pu lui-même, dans sa jeunesse, maîtriser les difficultés de cette langue.

L'ancienne auberge, l'Hôtel Morelos, où nous nous installons, a été construite par les Espagnols il y a plus de deux siècles. Quand nous sommes arrivés, nous sommes montés sur nos six mulets et nos chevaux jusqu'à la grande porte menant à la cour intérieure pavée. Ici, nous avons tourné à gauche et nous sommes arrêtés devant un escalier en pierre qui montait au deuxième étage. Tous nos bagages ont été transportés. Une grande salle carrée nous fut assignée. Les murs et le sol étaient en pierre. Trois lits étroits en fer furent apportés, chacun comportant de bons ressorts en fil de fer tressé, un matelas fin, un drap, une couverture et un petit oreiller. Nos bagages que les deux mulets avaient transportés étaient entassés dans un coin. Une table et trois commodes, une à côté de chaque lit, une vasque et un pichet en fer émaillé, et quatre chaises complétaient le mobilier, le tout apporté après notre arrivée. De grandes portes doubles ouvraient sur la place intérieure carrelée donnant sur le *patio* et des fenêtres à battants ouvraient sur le petit balcon donnant sur la rue. A notre gauche se trouvait une autre pièce semblable, puis au coin, une salle à manger, puis la cuisine, puis une autre grande pièce, le water-closet, avec une douzaine de sièges en rangée, utilisés librement par les deux sexes et sans serrure. porte! Une entreprise entière pourrait l'utiliser simultanément. Ces lieux, au Mexique, sont toujours proches de la cuisine. J'ai alors compris la raison de la fièvre jaune constante à des altitudes moins élevées.

Mendier un centavo

Dans la ville se trouve une très ancienne et grande église avec deux tours et une grande horloge. De nombreuses femmes étaient agenouillées sur le sol poussiéreux et disaient leurs vêpres lorsque nous entrâmes.

Une fontaine artistique (dont les eaux sont dites « saintes ») sculptée de têtes de lions joue au centre de la *place* . De la *place,* on peut contempler la ville basse et, loin au sud-ouest, *la Tierra Caliente* (le pays chaud) dans laquelle nous nous trouvons actuellement. Mais Ario était cool et la nuit, je dormais en pyjama en flanelle sous deux couvertures.

Nous étions très tôt ! et j'ai dégusté un excellent petit-déjeuner composé de café, d'œufs, de poulet, de riz et *de tortillas* . En fait, je peux remarquer que tous les repas que j'ai mangés jusqu'à présent en dehors des sentiers battus du Mexique sont tout aussi bons que ceux que j'aurais pu prendre au Mexique. montagnes de Virginie occidentale. Nous avons chargé les deux bêtes de somme, payé notre facture, environ quarante cents chacun (un dollar mexicain), montés sur nos selles et sortis du patio dans la rue *vers* sept heures vingt. Nous y retrouvons *El Jefe Politico* superbement monté, à califourchon sur une élégante selle aux ornements et pompons rouges. Il était accompagné de six cavaliers montés sur de beaux destriers noirs, en uniforme blanc et bleu, et d'une compagnie de fantassins en uniforme blanc. Avec eux se trouvait le prisonnier, un grand homme brun, la main gauche en écharpe et la main droite attachée au bas du dos. Tous étaient alignés et nous attendaient pour nous escorter jusque tard dans la journée. Nous avons donc quitté Ario avec dignité et faste. La question de savoir si le prisonnier parviendrait à la fin de la journée restait ouverte.

LE JEFE POLITICO ET LES SOLDATS

XI
Mines Inguran - Cinq mille six cents pieds sous Ario

Mines d'Ingouran,

29 novembre.

De Santa Clara à Ario, nous avions parcouru mille deux cents pieds en trente milles. Maintenant, nous redescendions. À chaque kilomètre parcouru, le pays devenait de plus en plus tropical. C'était une terre belle, riche et vallonnée, un sol noir et fertile ; les goyaves, les bananes, le café et d'autres arbres similaires commencèrent à être communs le long de la route ; de longues rangées de monstrueuses plantes centenaires (maguey), fournissant une source intarissable de *pulque* , bordaient la chaussée de chaque côté, servant de haies impénétrables. Le *camino* (route) montrait des signes d'avoir été autrefois nivelé et sur les pentes, il avait été pavé d'un trottoir à l'autre. Aujourd'hui comme hier, toute la route a disparu, ou presque. Des ornières en forme de gouffres, de vastes trous, des sentiers divers et nombreux offrent au voyageur un choix varié.

Nous rencontrâmes encore une fois des centaines de chevaux chargés, des mulets et des *burros* , ainsi que des dizaines d'hommes, portant des caisses et de lourds fardeaux sur le dos. Ils transportaient des noix de coco, du sucre, du sel brun de mer, des feuilles de palmier et des produits tropicaux, même depuis les lointaines côtes du Pacifique, en sept ou huit jours de voyage à travers les gigantesques sommets des Cordillères, loin au sud-ouest. Nous avons également rencontré des trains de mulets chargés de sacs de minerai de cuivre concentré provenant des mines de cette grande ceinture minérale, où je me trouve actuellement.

J'ai pris de nombreux kodaks de ces voyageurs ainsi que d'incidents de passage. Le chef politique arrêta toute son « armée », ou l'aurait fait si je ne lui avais pas fait signe de venir, car la photo avait été prise alors qu'il donnait son ordre « Instantemente », à sa grande *surprise* .

Vers 11h00, nous avons atteint le Rancho Nuevo et sommes entrés à travers le grand mur blanc dans une vaste cour. Ici se trouvaient déjà plusieurs trains de chargement, certains en provenance des mines, l'un d'eux allant au-delà de la rivière Balsas jusqu'à Guerrero. Le voyage s'effectue de l'aube à midi. Puis on s'arrête, on enlève les bâts, on refroidit les animaux, qu'on conduit lentement par des garçons, puis plus tard on enlève les selles et *les aparejos (substitut mexicain du bât) et enfin on les abreuve, et* On leur donne de la « rugosité » (les feuilles de maïs séchées et arrachées) à grignoter, mais ils ne sont nourris de céréales que la nuit.

Rien ne différencie la civilisation hispano-indienne du Mexique – médiévale et romaine – de la civilisation du XXe siècle de notre vie moderne, plus que l'attitude des deux peuples à l'égard de la souffrance des créatures muettes . Cela, je le vois partout et à tout moment. Par exemple : L'Espagnol-Mexicain ne connaît pas d'autre mors à mettre sur son cheval qu'une cruelle combinaison de barres d'acier rugueuses et d'anneaux de pincement suffisants pour lui briser la mâchoire. Aucun cheval, ni mulet, ni *burro* , portant ce dispositif cruel, ne prétendra boire une goutte d'eau, et lui non plus, jusqu'à ce qu'elle soit retirée. Lorsque vous voulez abreuver votre bête, vous devez descendre de cheval, enlever la bride et retirer la dure masse de fer de sa bouche.

TRANSFERT DU PRISONNIER

Les bêtes de somme sont rarement ferrées et sont souvent conduites jusqu'à ce que leurs sabots soient usés à vif, que leur dos soit à vif et que la chair soit irritée jusqu'aux os. Lorsqu'ils ne peuvent plus voyager plus loin, ils meurent ou se rétablissent du mieux qu'ils peuvent, sans que personne ne se soucie de leur sort. Les cavaliers montent sur les lourdes selles de cuir du pays dans la chaleur féroce de la *Tierra Caliente* ainsi que sur les hauts plateaux de la *Tierra Fria* . Et personne ne songerait un seul instant à s'arrêter dans son voyage pour la simple raison que le dos de son cheval était devenu écorché et douloureux, aussi graves que fussent les blessures. Les éperons gigantesques aux grosses pointes émoussées roulent perpétuellement avec une insistance impitoyable et un mouvement de talon incessant le long des flancs ensanglantés de l'animal.

La même cruauté que nous avons vue pratiquée dans les arènes, où les chevaux étaient éventrés, recousus deux et trois fois et ramenés dans l'arène pour être éventrés une fois de plus, au milieu des applaudissements de milliers de personnes vociférantes, est également apparente le long de cette autoroute très fréquentée. où l'on rencontre constamment des animaux surchargés jusqu'à la mort, des animaux qui se révèlent morts, des animaux tombés sous leurs charges et incapables de se relever.

Au Rancho Nuevo, les dames de cuisine hispano-indiennes nous ont promis du poulet bouilli avec notre riz pour le repas de midi. L'une des dames, une Indienne trapue et basanée, accompagnée de son fils agile, se lança à la poursuite d'une poule active aux longues pattes. L'oiseau semblait connaître son sort. Plusieurs chiens à poil court se joignirent à la poursuite, la poule fut capturée. La mère me l'a apporté en le brandissant, montrant qu'il était gros et bien nourri, puis, alors qu'elle se tenait à côté de moi, regardant une caravane de bêtes de somme au moment où elle entrait dans la cour, elle a calmement cassé le fémur de chacun. la patte et l'os principal de chaque aile, de sorte que la fuite devenait impossible, et il se mit sur-le-champ à ramasser le poulet vivant. Elle était visiblement inconsciente de toute pensée de cruauté. Les pattes et les ailes étaient brisées pour que l'oiseau ne puisse pas courir ou s'envoler. Il a été cueilli vivant, bien entendu. Le sentiment de pitié et de tendresse pour les choses stupides ne lui était encore jamais venu à l'esprit. La volaille destinée à la marmite était aussi peu considérée que le prisonnier blessé, les poignets attachés au cou et au dos, que les soldats de *Don* Louis «transféraient» ce jour-là dans une autre prison.

REFROIDIR LES CHEVAUX—RANCHO NUEVO

Notre *Jefe Politico* avait été rejoint par deux messieurs espagnols (mexicains), gérants (*surintendentes*) d' *haciendas* et nous avons tous dîné ensemble. Nous avons fait cuire la poule avec du riz et ensuite *des frijoles* , et je leur ai donné de mon précieux vieux Bourbon, que – « *La agua de los Estados Unidos* » – ils prononçaient « *mas excellentemente* » que leur propre *mescal* .

Ici, nous nous sommes reposés jusqu'à environ 15 heures, date à laquelle nous sommes partis pour la descente finale vers *La Tierra Caliente* . Nous sommes descendus très progressivement pendant environ une heure, puis nous nous sommes retrouvés à Agua Sarpo, un ensemble de quelques cabanes au bord du plateau, d'où nous avons contemplé un ensemble de sommets et de crêtes de montagnes, de vallées et de plaines profondes, autant que bien que vous vous teniez au « nid de faucon » en Virginie occidentale et que vous regardiez à cent milles au-dessus d'un pays à cinq mille pieds en contrebas, toute cette région lointaine baignée dans une chaleur sordide, verdoyante et luxuriante de végétation tropicale.

Les sommets en dessous de moi étaient volcaniques et le cône plat du dernier volcan créé au Mexique, Jorullo, projeté à une hauteur de près de deux mille pieds en une seule nuit, le 29 septembre 1759, et si graphiquement décrit par Humboldt, se tenait à nos pieds . - l'atmosphère extraordinairement claire donnant l'impression que le volcan et les sommets et chaînes voisins se serrent les uns contre les autres, bien qu'ils soient nombreux à des kilomètres l'un de l'autre.

Mon premier héraut de l'approche des tropiques était une *paraquita* magnifique en émeraude, écarlate et or, assise sur une souche qui me regardait attentivement, puis j'ai remarqué une volée de perroquets dégringolant dans les airs.

La route, un simple sentier, était aussi raide que certaines de celles qui descendent de nos mines de Kanawha. Nous laissons le *Jefe* et ses soldats nous suivre, nous prenant les devants. Nous sommes descendus et descendus, et descendus, heure après heure. Nous avons croisé des palmiers, des multitudes de bananiers et de caféiers. Il y avait de nombreuses cabanes indiennes au bord de la route, car nous étions sur une artère célèbre et très fréquentée, et dans la plupart d'entre elles, une bouteille ou une gourde de pulque *et* de fruits étaient disposées pour inciter le voyageur à acheter.

Presque en bas, nous arrivâmes à l' *hacienda* Tejemanil, une grande propriété sucrière, avec un ancien moulin alimenté par l'eau transportée à plusieurs kilomètres du plateau. Ici nous nous reposâmes une demi-heure, le *chef* fit quelques affaires, et nous mangeâmes de délicieuses oranges, petites, de couleur jaune clair et débordantes d'un jus légèrement acide.

UN FIGUIER SAUVAGE—LA PLAYA

Nous nous trouvons maintenant au niveau des vergers de palmiers, d'où les feuilles de palmier séchées sont expédiées en grandes balles vers les hautes terres. Puis nous sommes arrivés à une autre *hacienda* , une ferme de cent mille acres, La Playa, où le Jefe et sa compagnie avec leur prisonnier condamné ont pris la route divergente vers La Huacana. Enfin, nous arrivons à une large vallée, la vallée d'El Rio de la Playa, noire de sable volcanique, appelée le *mal pais* (mauvaise terre), étant la région immédiate autrefois dévastée par la terrible éruption du volcan Jorullo. Il y avait ici de vastes bananeraies, d'étranges arbres tropicaux tout à fait nouveaux pour moi, des orchidées et des palmiers et une étendue de plusieurs kilomètres de culture d'indigo et de pastèque. Nous avons ensuite franchi une autre ligne de démarcation et sommes redescendus juste au moment où le grand soleil brûlant plongeait derrière les montagnes et précipitait la nuit. Il faisait nuit noire lorsque nous entrâmes dans l' *hacienda* La Cuyaco et descendîmes de cheval, quatre mille huit cents pieds au-dessous d'Ario, six mille pieds au-dessous de Santa Clara et pourtant quelque mille deux cents pieds au-dessus de la mer.

Cette nuit, nous avons dormi sur des ressorts en cuir brut, un morceau de natte pour matelas. Nous étions sous les tropiques. Il m'était interdit de toucher l'eau, même de me laver. Notre dîner était composé de chocolat (délicieux), *de tortillas* et d'œufs. Des perroquets, deux grandes colombes grises et un pinson doré pendaient dans des cages dans le *patio* où nous mangions. Tout cela était nouveau pour moi. Un bébé se balançait dans un berceau suspendu au plafond et le père, Izus, le gardien de la cour, en tenait un autre. Il a eu treize enfants.

Nous avons enlevé nos vêtements épais (il avait été difficile de les supporter tout l'après-midi), j'ai enfilé des sous-vêtements et du linge de gaze et j'ai dormi sans le fardeau d'une couverture. Le matin, nous sommes partis tôt, mais à neuf heures, le soleil était brûlant. Pendant une quinzaine de milles, nous traversâmes maintenant une large vallée. Nous étions loin du quartier de Jorullo et de ses sables volcaniques épars, et étions entrés dans la ceinture minérale. Une corniche portant du cuivre et de l'argent traversait la cour de l' *hacienda* . J'ai trébuché dessus en allant dîner.

Et c'est là qu'est racontée une histoire : il n'y a pas si longtemps, semble-t-il, un Américain itinérant – l'un de mes compatriotes occasionnels qui se retirent de temps en temps au Mexique, lorsque la loi nationale leur donne une chasse trop serrée – est passé à l'hacienda vers la fin de l' *année* . d'une journée chaude et a demandé un logement. Il fut reçu hospitalièrement, comme c'est la coutume, et lorsque la grosse cloche du dîner sonna, il quitta sa chambre à coucher et traversa la cour.

VOLCAN DE JORULLO

Marchant négligemment, il se cogna l'orteil contre le rebord indiscipliné et boitant jusqu'à la salle à manger, son hôte s'excusa de la présence d'un rebord rocheux si mal situé. L'invité déclara que sa blessure était insignifiante et l'incident fut oublié. Le lendemain matin, on l'a vu frapper le rebord avec un marteau et il a mis des échantillons de roche dans sa poche avant de s'en aller.

De nombreux mois passèrent et tout souvenir de l'Américain occasionnel avait disparu des esprits. Cependant, récemment, un officier lié au Département de Mineria du gouvernement mexicain a dîné à l' *hacienda* et a poliment informé le *surintendant* qu'un Américain avait « dénoncé » (c'est-à-dire déposé une réclamation) sur le rebord de minerai qui traversait la cour, et avait reçu le titre de propriété ainsi que le droit d'occuper autant de surface adjacente que cela pourrait être nécessaire pour exploiter la mine.

Ainsi, les propriétaires de l' *hacienda sont* très inquiets à l'approche d'un *gringo* (terme méprisant pour l'Américain) de peur que le nouveau venu ne se révèle être leur invité occasionnel ou son représentant.

Après avoir quitté Cuyaco, nous avons rencontré des indications constantes de minéraux le long de la route. J'ai également remarqué des troupeaux de perroquets, des multitudes de geais, des moucherolles, des vautours bruns et noirs et de nombreux aigles Caracara, tous ces oiseaux étant nouveaux pour moi ; et j'ai vu aussi plusieurs beaux papillons, *Papilios* et *Colias* , petits blancs, oranges et jaunes. Mais nulle part je n'ai vu de fleurs sauvages : la saison était maintenant trop chaude pour elles.

Vers dix heures, nous nous arrêtons dans une *hacienda* , celle de San Pedro de Castrejon, où vivent les frères Castrejon, propriétaires de propriétés de cuivre à proximité de celles que nous allons voir. Ce sont les grands *seigneurs* de la Vallée ; ils nous ont également donné des lettres de présentation. Des oiseaux noirs, de gros grackles à queue de bateau, des geais gris et blancs et des dizaines de tourterelles sauvages se promenaient ici docilement parmi nos chevaux. Des nuées de perroquets criaient dans les arbres. Pour quelques *centavos* , nous avons acheté ici de délicieuses bananes, de la taille d'un petit doigt, et d'autres trois fois plus grosses, ainsi que des oranges et des noix de coco.

Vers onze heures, nous avons commencé à apercevoir la vapeur provenant de la centrale électrique des mines d'Inguran et nous y sommes bientôt arrivés. Ce sont d'anciennes mines de cuivre, actuellement ouvertes par les Rothschild français, où plus de quatre millions *de francs* ont été dépensés jusqu'à présent. De vastes gisements de cuivre sont ici exposés. Les managers sont tous américains ; l'un vient de Virginie, l'autre de Californie. Il n'y a pas un Français employé.

RANCHO DE SAN PÉDRO

Nous sommes installés dans le bungalow privé du directeur général de Mexico, de qui nous avons rapporté une lettre d'introduction. Nous sommes à mi-chemin des contreforts ; nous avons une vue superbe, les lits sont confortables et la cuisine est bonne.

Ce matin nous avons traversé les mines. Le carburant et le transport sont ici les deux problèmes. Toute cette région de plusieurs centaines de kilomètres carrés est riche en cuivre et en argent, regorge d'anciennes mines, autrefois exploitées par des esclaves indiens, mais aujourd'hui abandonnées depuis l'expulsion des Espagnols et l'aube de la liberté.

XII
Méthodes Antiques d'Exploitation Minière

Mina la Noria, Michoacan, Mexique,

4 décembre.

Nous avons quitté les mines d'Inguran tôt samedi matin. Nous nous sommes levés à quatre heures trente et, à cinq heures trente, nous avions fait nos bagages et pris notre petit-déjeuner, *desayuno* et *almuerzo* combinés. Le Mexicain voyageur mange tôt et, même s'il peut prendre une collation à midi, elle atteint rarement la dignité de la *comida* , et lorsque la journée de voyage est terminée, comme les deux repas du matin, la *comida* et *la cena* , sont réunis en un seul. Notre petit-déjeuner était composé de poulet frit et de riz – du riz si délicatement frit que chaque grain était enfermé dans une coquille croustillante et délicate, et chaque bouchée était craquelée de délectation entre les dents. Les œufs sont toujours disponibles. En Espagne et à Cuba, un œuf s'appelle *huevo* , au Mexique le raffinement du langage remplace le mot *blanquillo* (petit blanc). C'est une courtoisie de demander *des blanquillos à votre hôtesse* . Ce serait mal élevé de lui demander des *huevos* . C'est aussi une courtoisie de dire, lorsque vous vous adressez à elle, *señorita* . Si elle prétend qu'elle est *señora* , mère de famille et qu'elle a depuis longtemps dépassé l'âge d'une *señorita* , vous vous exclamez "c'est impossible", car comme elle a l'air si jeune, elle doit être une *señorita* . La manière brutale américaine qui appelle un œuf un *huevo* et une dame une *señora* est considérée comme impardonnablement grossière.

EN VOL DE MON KODAK

Vers 17 h 45, nous descendions les trois cents pieds de flanc de montagne, à travers le village minier, sur une ancienne route pavée d'environ quatre pieds de large, les pavés si fermement ancrés entre les bordures que les inondations et l'usure des siècles et les saisons l'ont laissé aussi intact et solide qu'au moment de sa première pose. Les Espagnols ont construit de nombreuses routes de ce type menant à leurs mines, lorsqu'ils travaillaient les Indiens comme esclaves, il y a des siècles. Le village minier était pittoresque. Le mineur, lorsqu'il va travailler, construit sa propre maison et ne paie aucun loyer. Les murs sont constitués de poteaux verticaux et le toit est en chaume en feuilles de palmier. Lorsqu'il quitte son emploi, il abandonne sa maison, même s'il en emporte parfois le toit. Près de chaque habitation est construite une sorte de four hollandais en terre cuite, faisant ensemble four et poêle. Le pain y est cuit ; c'est là que s'effectue la majeure partie de la cuisine. Le ménage est un processus simple dans cette terre tropicale.

Les mines d'Inguran sont situées à une altitude d'environ deux mille pieds au-dessus de la mer, et l'air sec, ni trop léger ni trop lourd, semble s'accorder parfaitement avec les Américains qui y travaillent, et me rendit une vigueur que le mince L'air des hautes terres s'était en partie détendu. Nous avons été reçus un soir dans le charmant bungalow du surintendant des travaux intérieurs, un M. O'Mahondra, membre de la famille distinguée de ce nom de Richmond, Virginie. À l'origine, il a commencé à exercer le droit à Chicago lorsque, sa femme étant menacée de consommation, il s'est enfui avec elle à El Paso. Là, elle n'a rien gagné et il l'a emmenée plus au sud et, abandonnant la loi, a pris ce poste à Inguran. Elle était grande, belle et avait l'image d'une santé robuste. Américaine intelligente, elle avait acquis l'art de l'analyse et, en tant qu'essayeuse officielle des mines, elle recevait un joli salaire. « Le seul inconvénient de vivre à Inguran, dit-elle, c'est que je suis en parfaite santé. »

Notre chemin s'est arrêté puis a traversé la vallée de San Pedro en direction du sud-ouest. La vallée fait un ou deux milles de large. Le sentier que nous avons suivi traversait un feuillage tropical dense. L'air du petit matin était presque froid. Les oiseaux étaient partout en éveil et toutes leurs notes étaient nouvelles pour moi. Il y avait beaucoup de colombes, la petite colombe brune qui s'écartait simplement de notre chemin ; une colombe plus grosse, de couleur gris ardoise, qui volait parmi les branches supérieures des fourrés. Le grand geai gris était nombreux et il y avait beaucoup de pies et de grackles rouillés et à tête jaune. Le long des cours d'eau, nous rencontrions constamment des bandes de grands vautours bruns et de petits vautours noirs, ainsi que des aigles Caracara qui pêchaient dans le ruisseau. Les perruches, resplendissantes de vert, d'écarlate et d'or, étaient abondantes, et des volées de perroquets gris et verts tournoyaient maladroitement dans les airs. J'ai vu aussi mes premiers gros aras militaires verts, oiseaux gros comme des poulets ou de petits dindes, le corps d'un vert brillant, la tête coiffée de rouge et de jaune. Je n'ai jamais vu ces splendides oiseaux en captivité, ni parmi ces brillants aras d'Amazonie et d'Australie qui sont si souvent exposés dans les collections. Ces aras étaient très apprivoisés, et une volée d'entre eux s'est installée sur un mimosa sous lequel nous tirions les rênes. J'aurais pu leur tirer dessus avec mon pistolet, et j'en aurais ramené quelques-uns chez moi, si j'avais eu un moyen de conserver les peaux. Dans les fourrés, j'ai aussi remarqué des moucherolles et plusieurs moineaux que je ne connaissais pas, mais je n'ai pas vu de corbeaux comme je l'ai vu l'autre jour sur les hautes terres.

L'ANCIEN MOULIN À TIMBRES

Après cinq ou dix milles dans la vallée, serpentant à travers la forêt, traversant des clairières ouvertes, passant ici et là une cabane indigène, traversant fréquemment la rivière à gué, nous quittions le sentier principal et remontâmes un ravin ombragé, le suivant jusqu'à son point culminant, où nous traversâmes une brèche basse entourée de hautes montagnes, puis redescendîmes vers la rivière, coupant ainsi un grand coude et économisant quinze ou vingt milles. À mesure que nous descendions vers la vallée principale, les bois devenaient plus petits, le mesquit persistant possédait de plus en plus la terre et le soleil tombait en plein sur nous. La chaleur était intense. Aucun être vivant ne semblait désormais exister nulle part ; seulement les multitudes de petits lézards bruns, des milliers d'entre eux se précipitant sur le sable ; et des *iguanes* , noirs comme la nuit, dormant à l'entrejambe d'un arbre ou sur la cime chauffée d'une pierre près du bord du chemin. Aucun son non plus ne troublait le silence de midi, à l'exception du bourdonnement de millions de cigales, que les rayons féroces du soleil semblent seulement nourrir pour les inciter à une vie active.

Six heures en avant-première nous amènent à l'Hacienda de Oropeo, au bord du Rio de San Pedro. Ici nous nous arrêtâmes pour le repos de midi, couchés sous un abri indien, un large toit de chaume en feuilles de palmier, sous lequel nous pourrions attacher nos chevaux et où nous pourrions nous reposer nous-mêmes. Ici, une vieille Indienne nous préparait *des tortillas* et *des frijoles* . Nous l'avons regardée préparer les *tortillas* , petits gâteaux de semoule de maïs aussi fins que des feuilles de papier. Les grains secs du maïs sont d'abord trempés dans de l'eau de chaux jusqu'à ce que la coque enveloppante se détache facilement. C'est alors un peu comme samp. Le grain gonflé et ramolli est ensuite réduit en pulpe entre deux pierres, la pulpe humidifiée est tapotée entre les mains pour obtenir une sorte de plaquette la plus fine, et ces fines plaquettes sont déposées sur le dessus du four en argile pour être séchées lentement. La *tortilla* est considérée comme le plus nutritif de tous les aliments préparés à partir de maïs. C'est le bâton de vie du péon mexicain, et la confection de *tortillas* est la principale vocation de la vie de sa femme et de ses filles. Dès que les petites filles sont assez grandes, elles commencent à caresser *les tortillas* , et elles continuent à caresser *les tortillas* tout au long de leur vie. Si vous traversez un village indien, votre oreille sera frappée par le tapotement de centaines de paires de mains. Les femmes indiennes tapotent *les tortillas* . Ils sont toujours en train de tapoter *les tortillas* , lorsqu'ils ne sont pas spécialement occupés à d'autres travaux.

DÉPÔTES DE MINERAI DE CUIVRE – MINES DE LA CHINA

Vers 16 heures, Izus, notre *mozo* , a remballé les chargements, nous sommes de nouveau montés à bord et, en une heure, nous avons traversé la rivière, où nous avons remonté un petit ruisseau à quelques kilomètres de ces anciennes mines. C'est en nous reposant, à midi, que nous remarquâmes un groupe de trente à quarante hommes portant sur leurs épaules le toit de chaume d'une demeure mouvante. Plus tard, nous sommes passés devant le nouveau domicile, le toit était déjà posé sur les poteaux d'angle et la famille était déjà installée dans son habitation.

Nous bivouaquons dans un bâtiment où vivait autrefois le seigneur des mines, mines aujourd'hui remplies d'eau et abandonnées, bien qu'aucun des chantiers ne descende de plus de cent pieds. Le bâtiment est principalement construit, tant au niveau du sol que des murs, en argile cuite au soleil. Au-dessus des murs repose le toit de chaume. Il n'y a pas de cadres dans les ouvertures des fenêtres, pas de cadres dans les portes. Les murs et le toit n'étant qu'une protection contre la chaleur du soleil, l'air peut passer là où il veut. Nos lits de camp sont pris à l'arrière du « Old Blacky », déroulés et installés dans la chambre aérée ; sur eux nous nous asseyons et dormons.

Nos seules terreurs sont les fourmis, mais nous mettons les pieds des lits de camp dans de petites bassines d'eau en terre cuite et nous sommes en sécurité. Une famille indienne, vivant au fond des bâtiments abandonnés et décousus de l'autre côté de la cour, nous fournit du riz bouilli et du poulet mijoté. Izus nous a apporté une abondance de bananes et d'oranges, fraîches, parfumées et succulentes. Nous achetons plusieurs oranges pour un *centavo*, et un *centavo* vaut moins d'un demi-cent américain. L'Indien élève de la volaille et aussi des gamecocks. Ces derniers sont attachés par la jambe près de sa porte. Ils sont sa fierté et il les combat le dimanche après l'église. Quand le curé a terminé l'office, les voisins, qui ont tous amené leurs poules, se forment en cercle, et là les gages de la semaine sont mis en jeu et perdus à l'issue des combats. Je vous envoie un instantané d'une bataille.

DÉPLACER UN MANOIR

Lorsque nous dînons, nous nous asseyons sur des tabourets improvisés autour d'une table faite maison et juste derrière nous accroupis un groupe d'admirateurs attentifs - les chiens affamés de la famille, des chiens à poils durs, cadavériques, aux yeux de loup et silencieux. Ils observent avec une attention furtive chaque morceau que nous mettons dans notre bouche, ils se jettent instantanément sur chaque miette et chaque os qui tombe à leur portée. Ils n'aboient jamais, seulement un hurlement mélancolique et aigu que j'entends parfois briser le calme de la nuit ; ils ne remuent jamais la queue, car celle-ci est toujours rentrée entre leurs jambes. Lorsque nous avons fini, nous jetons à ces observateurs mélancoliques les déchets de notre repas. Il y a une bagarre silencieuse, un craquement précipité, puis chaque chien se redresse, aussi affamé et observateur qu'avant. Ainsi, nos amis déjeunent, dînent et soupent avec nous, et ils sont tellement remplis de suspicion et de peur de l'homme qu'ils ne nous permettent jamais, par hasard, de les approcher. « *Veni aqui perro* » (viens ici, chien) crie un garçon indien, et immédiatement *perro* disparaît hors de vue. Descendants originaires du *coyote sauvage* , auquel ils ressemblent beaucoup, ces chiens semblent avoir été peu apprivoisés au contact de l'homme.

Ensuite, au-dessus du ruisseau, se trouvent les mines d'Azteca, abandonnées depuis longtemps, puis viennent les mines de Chine (prononcer *cheena*), le seul groupe actuellement exploité, le *surintendant actuel* étant un membre de la famille Castrejon à laquelle elles appartiennent. La veine est un porphyre et du quartz contenant du cuivre, et elle a environ trois cents pieds de largeur et est presque verticale. Il se trouve presque au bord du cours d'eau, à environ un degré à l'ouest, et personne ne sait jusqu'à quelle profondeur il peut aller. Toute cette région est pleine de trous, généralement d'environ quatre à six pieds carrés, d'où l'on extrait depuis des siècles le minerai de cuivre. Les riches pièces furent emportées et la balance jetée à terre. Le pays tout entier est rempli d'innombrables tas de ce minerai de cuivre abandonné contenant deux à trois pour cent de cuivre, et attendant ce jour lointain où les chemins de fer, les machines modernes et la main-d'œuvre efficace rendront cette richesse naturelle profitable à l'entreprise moderne. Dans l'état actuel des choses, les méthodes indiennes primitives actuelles d'exploitation minière et de transport sur des mules, les fosses non ventilées et les horribles sentiers grimpant à des hauteurs prodigieuses, détruisent la possibilité de profit même dans l'exploitation des minerais les plus riches.

Nous passâmes le dimanche à parcourir les collines qui s'élèvent de trois à cinq cents pieds au-dessus du ruisseau. Sur leurs pentes faciles et arrondies, un cheval peut grimper presque n'importe où. C'est un pays où le bétail erre et où les *vaqueros (cowboys)* mexicains sont les seuls êtres humains. Dans l'après-midi, nous sommes descendus jusqu'à la rivière San Pedro, maintenant un petit ruisseau, et nous nous sommes baignés dans l'eau tiède, où j'ai surpris un vieil ami familier, observant également l'eau limpide, un martin-pêcheur d'Amérique.

SORTIR LES MINES DE MINERAI DE LA CHINE

Lundi, nous avons passé de sept heures à dix heures à visiter les mines de Chine, exploitées par les Mexicains à l'ancienne manière primitive. Nous sommes entrés sur le flanc de la colline par un petit tunnel qui menait à un trou noir d'où sortait un poteau glissant. D'un côté de ce poteau sont pratiquées des encoches, et dans ces encoches, si vous voulez descendre, vous devez mettre vos pieds latéralement. Notre guide saisit le poteau d'un bras, tenant en l'air sa lumière vacillante de l'autre, et s'enfonça lentement dans l'obscurité en contrebas. Nous sommes tous tombés, ne sachant pas ce qui pouvait se trouver en dessous de nous. Au début, mes pieds ne tenaient pas dans les encoches, mais il s'agissait de m'asseoir ou de tomber dans une obscurité illimitée, alors je me suis accroché fermement et je suis descendu lentement. La distance n'était que d'une vingtaine de pieds. Ici, il y avait un décalage de huit ou dix pieds, puis un autre poteau et d'autres encoches, noires au-dessus comme en dessous, et les entailles étaient devenues lisses au fil des années de contact avec les pieds indiens sans chaussures. Ainsi, nous descendîmes sans cesse, descendant d'environ deux cents pieds jusqu'à l'endroit où l'air était chaud et lourd et où notre respiration devenait rauque et lente. Nous avons ensuite suivi un long tunnel étroit et sommes arrivés à un endroit où des Indiens nus, armés de cales en acier, extrayaient le minerai en traîneau. Les Indiens descendent le matin, ils travaillent aussi longtemps que l'air vicié le permet, puis ils rassemblent toute la roche qu'ils ont délogée, la mettent dans un sac en peau de taureau, le chargent sur leur dos et remontent sur les poteaux crantés jusqu'au jour. . A la sortie des mines, ils chancellent jusqu'à un tas de minerai, sous un toit de chaume posé sur de hauts poteaux, et déversent leurs chargements. Autour de ce tas de minerai s'accroupissent vingt ou trente Indiens, chacun tenant une pierre à la main. Chacun a devant lui un gros morceau de rocher plat. Il atteint le tas de minerai, en prend un morceau qui semble assez bon et le réduit en poudre entre les deux pierres. Le minerai moyen est jeté sur une décharge, le minerai riche est entièrement fissuré. Il s'agit de l'original du moulin à timbres moderne, et c'est le seul moulin à timbres que les Indiens-Mexicains connaîtront probablement jamais. Le minerai, après avoir été ainsi pulvérisé à la main, est mis dans une auge en bois dans laquelle on verse de l'eau qui a été transportée dans des sacs en peau de taureau depuis le ruisseau en contrebas, et le minerai est ainsi lavé et concentré. Il est ensuite mis dans des sacs d'environ deux cents livres par sac, et parcouru cinquante ou soixante milles, à travers d'effroyables sentiers escarpés, jusqu'au chemin de fer de Patzcuaro, d'où il est expédié à la fonderie.

LAVAGE DU MINERAI DE CUIVRE

Il est étonnant que même les Mexicains puissent ainsi exploiter ces mines, année après année, et réaliser le plus petit profit. Le manager américain le plus efficace trouverait cela impossible. Le *surintendant mexicain* vit de rien et ses employés mexicains vivent de moins. Le salaire du mineur est de dix-huit à vingt cents par jour en mexicain (moins de dix cents par jour en américain). Avec ce montant, il doit subvenir à ses besoins et souvent à une famille nombreuse. Les Mexicains suivent la vieille théorie espagnole selon laquelle le travail humain coûte moins cher que les machines, si l'on peut réduire le travail humain à un salaire suffisamment bas. C'est pourquoi les classes patronales mexicaines découragent à la fois l'usage des machines et l'éducation du *personnel* . L'ignorance et la pauvreté abjecte de la classe ouvrière constituent l'idéal hispano-américain. Le journalier mexicain ne vaut guère mieux qu'un esclave. Le riche propriétaire de mines, qui vit dans le luxe dans la capitale lointaine, à Paris ou à Madrid, peut faire preuve de culture et de raffinement, mais le Mexique ne pourra jamais beaucoup progresser tant que les masses du peuple ne seront pas éclairées et par un sens politique moderne. être libéré de cette condition de servitude industrielle.

Certains types parmi ces Indiens sont curieux. Un homme a la tête qui passe directement derrière les oreilles, et il n'a pas non plus beaucoup de cerveau devant. Un autre ressemble à un Japonais. Ces Indiens – on les appelle Indiens, mais la plupart sont des métis, car il y a beaucoup de sang espagnol mêlé parmi eux – sont pitoyablement pauvres et désespérés dans leur pauvreté. Ils ont été martelés et battus pendant tant de siècles par l'impitoyable suzerain espagnol, qu'ils ont depuis longtemps perdu tout esprit. Ils semblent désormais incapables de se lever. Ce n'est pas non plus une race robuste. Lorsque la maladie sévit, ils sont trop pauvres pour employer un médecin, mais comptent sur les charmes et les rites religieux. Je viens de jouer le rôle d'un médecin. J'ai apporté avec moi une petite boîte de médicaments sélectionnés, suffisants pour les maux courants de ce pays semi-tropical. Je prescris maintenant de la quinine à *Doña* Caldina, du calomel à *Señor* Perez. J'apprends qu'un infirme vient me voir demain et me demande si le *seigneur blanc* peut le guérir et le faire marcher. Il y a une certaine qualité enfantine chez ces personnes. Avec quelle humilité ils acceptent la supériorité de l'homme blanc qu'ils n'aiment pas !

Je vois de nombreux exemples de ce qu'on pourrait appeler des dégénérés, des têtes difformes, des corps déformés et déformés, signes d'une race trop consanguine. Ils portent des vêtements en coton blanc, des chapeaux de paille et des sandales en cuir brut. Les hommes portent généralement des couvertures (*zerapes*) pliées sur l'épaule dans lesquelles ils s'enveloppent, comme le font leurs frères des hauts plateaux, lorsque l'air se refroidit.

UNE ANCIENNE DÉCHARGE DE MINERAI DE CUIVRE

La froideur des nuits et la chaleur brûlante du jour sont étranges. J'ai dormi la nuit dernière dans des sous-vêtements en flanelle, un jersey de laine par-dessus et un pyjama en flanelle toujours dehors ; puis deux épaisses couvertures de laine et un *poncho en caoutchouc* par-dessus le tout. Très tôt, vers une ou deux heures, je me suis réveillé glacé jusqu'aux os. J'ai enfilé mon manteau en velours côtelé. J'avais juste chaud, car un vent glacial soufflait des hautes altitudes de la *Tierra Fria* . Ce matin, quand le soleil s'est levé vers six heures, l'air était encore froid. En une heure, il faisait agréablement chaud, les oiseaux chantaient et volaient d'arbre en arbre. Vers neuf heures, le soleil brillait comme une boule de feu. Je suis maintenant, à neuf heures et demie, en pantoufles, en pantalon de lin et en mince manteau de pyjama, et même alors, je me cache du soleil. Vers dix heures, un silence profond et écrasant règne sur la terre, aucun être vivant ne bouge, à l'exception des lézards et des cigales. La lumière du jour se termine précipitamment. La journée ne dure que tant que le soleil est levé. Vers cinq heures et demie, le soleil brille au-dessus des montagnes à l'ouest. Soudain, c'est parti. En quinze minutes, il fait

noir, les étoiles sont sorties, et elles sont si blanches ! L'air froid des hauts
plateaux s'installe alors sur nous pour la nuit.

XIII
Une certaine moralité financière tropicale

6 décembre.

Nous étions debout avant le jour, nos chevaux et nos mulets ayant été nourris de céréales un peu après minuit. Ainsi, la nourriture est digérée avant le début du voyage de la journée. C'était une lumière d'étoile éblouissante avec une traînée brillante de lune blanche. Nos deux bêtes de somme avaient été chargées, nous avions déjeuné et étions en selle un peu après quatre heures. Un vent violent qui coupait comme un couteau soufflait régulièrement des hautes terres derrière nous. J'avais gardé mes vêtements chauds de la nuit. Nous avons voyagé rapidement à la lumière brillante des étoiles et, en passant par l' *aroyo* le long duquel nous avons campé, nous avons descendu la rivière San Pedro vers le sud. Nous traversions fréquemment le ruisseau, voyageant en file indienne. Vers sept heures, le soleil brillait au-dessus des collines et j'ai commencé à me débarrasser de mes vêtements. À huit heures et demie, je ne conservais plus que mes sous-vêtements les plus fins, mon manteau de pyjama, mon pantalon en lin et mes pantoufles. Vers dix heures, le soleil était brûlant, nos grands *sombreros mexicains* seuls nous sauvaient de ses rayons féroces. Notre chemin s'étendait sur vingt milles presque plein sud dans la vallée de San Pedro, puis en tournant à gauche, nous suivions un sentier peu fréquenté, traversant une succession de collines basses, jusqu'à ce qu'après quatre longues heures nous arrivions à d'immenses plaines ou llanos . s'étendant à plat comme une table sur vingt milles vers la rivière Balsas. Les ruisseaux étaient à sec, les feuilles tombaient des arbustes et des arbres. C'était la saison sèche. Le mesquit, les cactus et le mimosa constituaient la seule végétation, à l'exception des tiges boursouflées des herbes séchées au soleil. Aucune eau n'était visible nulle part. Le sol était desséché et craquelé. Une légère brise qui nous suivait toute la journée et quelques nuages en altitude qui cachaient de temps à autre le soleil nous évitaient à eux seuls d'être presque grillés vifs. La montre dans ma poche devenait brûlante, je pouvais à peine la tenir dans ma main ; les boutons métalliques de mes vêtements se sont presque brûlés ; seule la sécheresse de l'atmosphère a permis d'avoir fait ce voyage de jour.

LES LLANOS. HAWK POSE SUR UN ORGANE CACTUS

Les grands *llanos* , qui s'étendent au sud et au sud-ouest, étaient traversés par de nombreux sentiers bien tracés, où les chevaux et le bétail, qui parcourent ici par milliers, ont emprunté les chemins qu'ils empruntent pour atteindre les eaux lointaines. On raconte que ces animaux, qui errent en liberté, se sont dressés pour traverser les vastes plaines sous les étoiles dans la fraîcheur de la nuit.

Nous atteignîmes les mines d'El Puerto vers une heure et demie, traversant la plaine pendant plusieurs heures vers la montagne sur le flanc de laquelle sont perchées les mines. Les seuls êtres vivants que nous avons rencontrés sur ces *llanos* étaient des lapins et, occasionnellement, des roadrunners, oiseaux très apprivoisés. Bien que son lapin ait acquis une réputation de vitesse de jambe fulgurante dans les plaines d'armoises de notre propre extrême ouest, son cousin mexicain l'a sûrement surclassé. Un *vaquero* , suivi de deux chiens maigres et aguerris, nous avait rencontrés aux confins des *llanos* et nous avait accompagnés presque à travers la plaine. Les chiens, bien qu'ils devaient bien connaître le pouvoir du lapin, en rencontraient souvent un accroupi dans l'herbe, et si près de leur portée qu'ils oubliaient complètement leurs leçons du passé et se mettaient à crier dessus. sa trace. C'était presque risible de voir le désespoir des chiens, tant les lapins filaient hors de vue, bien au-delà de la capacité des chiens à suivre le rythme. Le couple revenait régulièrement la queue entre les jambes, image d'une défaite désorganisée.

Nous avons grimpé trois cents pieds sur le flanc de la montagne jusqu'à un groupe de hangars ouverts, recouverts de feuilles de palmier, tandis qu'au-dessus de nous, des masses de roches volcaniques s'élèvent à plus de deux mille pieds. De l'autre côté de la rivière Balsas, s'élevant apparemment du bord de l'eau, se trouvent les immenses hauteurs de la Cordillère, s'élevant de douze à treize mille pieds au-dessus du niveau de la mer.

La Mina el Puerto est une ancienne mine, aujourd'hui presque épuisée ; car il a été exploité pendant près de deux cents ans, tout au long d'une seule porte creusée dans le roc, fermée par une grande porte en bois, fermée par une lourde serrure avec une lourde clé de fer. Chaque matin, pendant de nombreuses décennies, le propriétaire a pris la clé de sa ceinture, a déverrouillé la grande porte et a envoyé quinze à vingt Indiens nus sur les « échelles à poulets » quatre cents pieds dans les mines brûlantes en contrebas. Il n'y a pas de ventilation, pas de pompes, il n'y a pas d'autre moyen d'entrer ou de sortir. Deux ou trois heures, c'est le temps le plus long qu'un homme puisse travailler au fond de ce trou ; quand l'Indien n'y tient plus, il monte en portant sur son dos le minerai qu'il a pu déloger, ou un sac d'eau, s'il y en a eu une fuite. Vers trois ou quatre heures de l'après-midi, ces ceux qui sont tombés sont tous ressortis. Le minerai qu'ils ont extrait est jeté sur un tas sous le toit de chaume ; le propriétaire des mines verrouille alors la porte. Lorsque le minerai a été réduit en poudre par le martèlement de nombreuses mains sombres, il est concentré dans les auges en bois, lavé avec l'eau de la rivière Balsas, à trois milles de distance, transporté dans des sacs en peau de taureau sur le dos des mulets ; et lorsqu'un nombre suffisant de sacs de deux cents livres de minerai concentré a été accumulé, quarante ou cinquante mules sont attachées ensemble cou à queue, chargées de sacs et conduites pendant près de cent milles jusqu'au plateau. Ces minerais ont toujours été particulièrement riches, l'or et l'argent qu'ils contiennent ayant suffi à payer les frais de transport et les frais de fonderie, laissant le cuivre pour le profit net.

Les propriétaires mexicains ont bien vécu de la fortune de leurs mines. En fait, pour eux, le minerai de cuivre dans le sol équivalait à de l'argent liquide en banque. Lorsqu'ils ont voulu de l'argent, ils ont puisé dans leur gisement de minerai. Ils le fondaient généralement eux-mêmes dans des fourneaux d'argile brute, en utilisant du charbon de bois brûlé à proximité. Ce qu'il pouvait y avoir d'or et d'argent était également versé dans les lingots de cuivre et ces lingots constituaient de la monnaie. Une pile de bars signifiait des escapades exaltantes et des escapades joyeuses. La famille et les amis, les serviteurs et les serviteurs étaient rassemblés, les mousquets et les épées, les cornes et les mandolines étaient assemblés, les chevaux et les bêtes de somme étaient chargés et montés, et une visite de la campagne environnante était faite. Les corridas, les combats de coqs, les bals et les fandangos étaient glorieusement appréciés, les duels se livraient, les cœurs étaient pris d'assaut et les lingots de cuivre étaient soufflés jusqu'à la dernière once. Ensuite, l'entreprise revenait, la porte à verrouillage rapide était à nouveau ouverte et une nouvelle réserve de cuivre était extraite de la mine. Comme des princes vivaient ces *Señores de las Minas*, aussi longtemps que la terre livrait son trésor caché.

ORGANISER UNE BATAILLE ET LE VICTOIRE

Dans cette mine en particulier, ce genre de choses se produit depuis cent ans. Les générations se sont succédées et sont revenues, et le minerai n'a pas encore cédé. Mais les ancêtres économes ont réussi à payer seulement les plus petits impôts au gouvernement. Pourquoi devraient-ils verser beaucoup d'argent dans la paume démangeante des despotes lointains, qui pourraient pour le moment détenir le pouvoir suprême dans la lointaine capitale ! Le premier propriétaire n'avait « dénoncé » (c'est-à-dire repris) qu'un demi-acre. Au milieu de cela, il a coupé la porte de la mine. Ses descendants ont toujours payé des impôts sur ce demi-acre ! Le gouvernement n'a jamais demandé plus. Même Diaz était content. Ainsi les travaux continuèrent, s'étendirent et se ramifièrent sur les nombreux hectares entourant l'unique entrée si bien gardée. Le demi-acre d'origine avait été exploité depuis de nombreuses années. Et personne n'entrait jamais dans la mine ni ne connaissait sa profondeur ou sa latitude, à l'exception du propriétaire, qui prenait la grosse clé de sa ceinture chaque matin de travail et ouvrait la lourde porte en bois. Les Indiens creusaient, transpiraient et étouffaient dans les profondeurs chaudes, tout comme leurs ancêtres l'avaient fait. La famille Castrejon tenait fermement à la grande clé et bénéficiait de son crédit de richesses illimitées. La Mina el Puerto était un lieu très fréquenté et son hospitalité était à la hauteur de sa richesse.

Cela aurait pu continuer jusqu'à aujourd'hui, sans un accident survenu il y a deux ou trois ans. Par une nuit d'orage, deux voyageurs cherchèrent refuge sous le chaume de Castrejon. En traversant les *llanos*, ils se perdirent et leur cheval perdit son fer. Ils aperçurent la lumière sur le flanc de la montagne et y arrivèrent. Le courtois seigneur de la mine leur a réservé un véritable accueil espagnol. « Tout ce qu'il avait était à eux ! » Ils dormaient dans ses plus grands hamacs et mangeaient ses plus gros *poios* (poulets). Les étrangers étaient *des gringos* (Américains) et des « missionnaires ». L'un parlait un excellent espagnol et l'autre souriait. El Señor leur raconta combien d'années il avait travaillé dans la mine, lui et ses ancêtres, et il se vantait un peu de sa richesse. Le matin, reposés, nourris et souriants, ils dirent adieu à leur aimable hôte *tout* en suivant son *surintendant*, qui les accompagna jusqu'à la route principale d'où ils s'étaient éloignés. La mine a fonctionné comme d'habitude. L'incident a été oublié. Quelques mois plus tard, par une soirée étouffante, les *gringos* revinrent et avec eux un inspecteur des mines du gouvernement mexicain et une société *rurale*. Le *Fomento* (Département de l'Intérieur) leur avait concédé tous les droits miniers entourant et extérieurs le demi-acre qui contenait la grande porte. *Los Señores* de Castrejon n'avaient jamais eu de titre légal sur aucun minerai, sauf sur ce qui se trouvait sous ce demi-acre. Si du minerai avait été extrait de ce demi-acre, il aurait été volé au gouvernement et les sanctions en cas de vol sont terribles dans ce pays à la main de fer. Et le minerai extrait de l'extérieur de ce demi-acre appartenait désormais aux deux étrangers. Ils pourraient intenter une action en justice et récupérer la totalité de la valeur ainsi que tous les frais de justice. Les deux Américains ont été très courtois en expliquant ces choses au *Señor*. L'inspecteur des mines était là pour examiner la mine et les *rurales* tenues dans leurs mains en utilisant des fusils à répétition du dernier modèle. *El Señor* était un homme discret. Il accepta l'offre courtoise des Américains souriants de ne pas engager de poursuites, à condition qu'il leur fasse un acte pour toutes les réclamations qu'il possédait sur le demi-acre, la grande porte et tout ce qu'il pourrait posséder. Il était heureux de signer l'acte. Il monta ensuite à cheval — on lui rendit son cheval — et s'en alla mendiant. Le lendemain matin, les Américains mirent la grosse clé dans la porte, l'ouvrirent et envoyèrent les

Indiens à leur labeur quotidien. L'inspecteur des mines reçut une généreuse récompense pour ses ennuis et retourna avec contentement à la *Tierra Fria* . Les *rurales* furent incitées à rester encore quelque temps, comme une sorte de protection contre des accidents imprévus.

Les nouveaux propriétaires restèrent assez longtemps pour placer un nouveau *surintendant indigène* en charge avec un salaire plus élevé, puis accompagnèrent les *rurales* à leur retour. Mais *les Américains* étaient eux-mêmes des gentlemen qui avaient dû quitter les États-Unis dans une fuite assez précipitée et qui se sont bientôt disputés entre eux. L'un, j'apprends, réside actuellement dans un pénitencier mexicain pour avoir volé un frère missionnaire, et l'autre, ayant vendu ses propres intérêts ainsi que ceux de son partenaire à des acheteurs non initiés au Kansas, a également disparu. Au moment de notre visite, les mines sont entre les mains d'un séquestre, et les habitants du Kansas s'efforcent de savoir exactement « où elles se trouvent ». Vous étonnez-vous, lorsque je vous dis que je retrouve dans toute cette ancienne région minière une certaine méfiance à l'égard des Américains en visite, même de la part des propriétaires mexicains dont les titres sont au-delà d'un défaut ?

Samedi.

Tôt ce matin, Tio et moi sommes montés en selle et, avec un guide indo-mexicain, avons traversé les *llanos* pour voir deux veines de quartz montrant du cuivre. Les veines sont « indénoncées », ouvertes à quiconque veut les exploiter. Nous avons fait la chose inhabituelle de sortir au milieu de la journée et, avant notre retour, la chaleur féroce du soleil brûlait presque comme des flammes de feu. Je n'ai jamais connu autre chose que le feu pour brûler. Même dans cette grande chaleur, nous avons croisé un faucon perché sur la cime d'un cactus, guettant sa proie et apparemment totalement inconscient de la terreur du soleil.

VAQUEROS TRAVERSANT LE RIO DE LAS BALSAS

Après notre *sieste* , nous chargeâmes les deux bêtes de somme, sellâmes nos bêtes de selle et, vers quatre heures de l'après-midi, partîmes vers la rivière Balsas, à trois kilomètres au sud, et vers la petite ville de Churmuco sur ses rives. Du côté de la montagne, nous jetâmes un dernier regard sur la vaste étendue des *llanos* , s'étendant sur vingt ou trente milles vers l'ouest, aussi plats qu'un sol, la ligne bleue des Cordillères marquant l'horizon bien au-delà.

Nous avons traversé plusieurs villes indiennes préhistoriques. Leurs rues étaient tracées avec régularité, généralement à angle droit, les fondations des anciennes maisons étant encore bien visibles. Dans de nombreux endroits, les murs de base étaient intacts et constitués de melons arrondis soigneusement posés les uns sur les autres en gradins importants.

Les riches fonds de terre le long de la rivière, entièrement incultes, m'ont beaucoup impressionné. Le sol, un limon noir et chocolaté, est capable de supporter n'importe quelle récolte et a une épaisseur de vingt à trente pieds. Il n'y avait aucune cultivation nulle part. Ces terres appartiennent à une puissante *hacienda* (une hacienda contient souvent de cent mille à deux millions d'acres) appartenant à quelque *haciendado absent* . On dit qu'il vaut environ dix cents (mexicains) l'acre !

La rivière Balsas semble aussi large que la rivière Elk en Virginie occidentale, où elle se jette dans la Kanawha (quatre ou cinq cents pieds de largeur). C'est maintenant la saison sèche, mais néanmoins la rivière est rapide et profonde, une marée d'eau bleu clair trop rapide et trop profonde pour passer à gué ou nager. Pendant la saison des pluies, ce doit être un ruisseau puissant et bruyant, car sa chute est rapide. Pendant la saison sèche, il est alimenté par les champs de neige fondante du Popocatepetl et d'Ixtaccihuatl, loin à l'est. On dit que le ruisseau permet une bonne pêche et qu'il abrite de véritables crocodiles (Caïmans).

vaqueros à l'air sauvage étaient sur le point de traverser. Profitant de cette occasion pour voyager sur le Balsas, le plus grand fleuve du Mexique, nous avons attaché nos chevaux à l'ombre d'un sympathique mimosa et sommes montés à bord de l'embarcation utilisée comme ferry-boat, un chaland pointu qui est entré par l'arrière. Les deux bateliers indiens tirèrent chacun une lourde lame, mais malgré leurs efforts les plus acharnés, le puissant courant nous entraîna jusqu'à un demi-mille avant que nous débarquions sur la rive la plus éloignée, une large barre de sable et de galets. Nos compagnons de voyage nous regardaient dans un silence suspicieux, chacun tenant fermement son *broncho* de peur qu'il ne saute, leurs regards sombres et sauvages révélant peu de convivialité. Arrivés au rivage, chacun se mit silencieusement en selle et partit au galop vers la Cordillère non loin de là. Ces hommes silencieux et indomptés parcourent partout ce pays désolé, gardant une trace constante des milliers de bœufs et de chevaux qui parcourent leurs déserts ; et les Indiens de Guerrero portent le nom d'être les plus turbulents et les plus perfides de tout le Mexique.

En retraversant, nous avons voyagé pendant une heure à travers des terres riches et incultes le long du cours de la rivière, jusqu'à ce que nous arrivions à la ville primitive de Churumuco, un hameau occupé uniquement par des Indiens, un prêtre indien regardant par l'église délabrée pendant que nous passions. Ici, nous avons trouvé une *fonda* (auberge) avec un grand *corral*. Une métisse hispano-indienne, « *Señora Doña* Faustina », nous a préparé un dîner composé de pommes de terre, de riz, *de tortillas* et *de piments* (poivrons) mijotés dans du fromage, arrosés de café clair et chaud. Ici, dans la chaleur intense, les piments brûlants étaient vivifiants et nous les mangions avec gourmandise.

Nous avons dormi sur des nattes indigènes posées sur des cadres à trois pieds au-dessus du sol en pisé dans le *patio ouvert* . Des cochons, des chats, des poules, des chiens et des enfants se précipitaient en dessous.

Nous étions juste en train de nous rouler dans nos couvertures, lorsque *Doña* Faustina s'est adressée avec enthousiasme à mes compagnons, Tio et El Padre, et j'ai compris de son discours que *les chinchas* , aussi longs que la main, avaient l'habitude de ramper le long des chevrons et de se laisser tomber sur les personnes sans méfiance. dormeur, tandis que, à moins que vos chaussures ne soient suspendues au-dessus du sol, *les tiernanes* (scorpions) étaient susceptibles d'y camper jusqu'à ce qu'elles soient délogeées. J'ai accroché mes pantoufles au-dessus de la portée piquante *des tiernanes* et je suis resté éveillé en appréhendant la descente *des chinchas* , mais la fatigue et la chaleur de la journée, les influences somnifères des *piments* et du fromage m'ont bientôt enveloppé dans un sommeil d'où seul le braiment de notre sac blanc Mule m'a enfin réveillé, tandis qu'Izus lui attachait le fardeau pour un autre jour. La nuit était chaude et proche, le premier air terne et lourd que j'ai connu au Mexique. Nous nous trouvons en réalité dans la *Tierra Caliente* , où, dit-on, « les habitants de Churmuco n'iront jamais en enfer puisqu'ils y vivent déjà ».

Il n'était pas encore trois heures du matin et il faisait encore nuit. *Des rosés* , *des poios* et du café étaient déjà préparés pour nous. « *Adios, Doña Faustina !* » « *Adios, Señorita !* » « *Adios, Señores !* » « *Adios, adios !* » Et nous sortîmes du *corral au trot* et, tournant vers le nord, remontâmes une *baranca profondément découpée* sur un sentier plus généralement fréquenté que celui par lequel nous étions venus. Le froid de la nuit ne nous glaçait plus, l'air était presque tiède, et aucun signe du jour ne marquait le ciel au-dessus de nous ; les espaces noirs de la nuit étaient pourtant illuminés de grandes étoiles blanches. Les constellations au nord, je les connaissais bien, mais au sud, il y en avait beaucoup de toutes nouvelles et, la plus suprême de toutes, accrochée aux sommets gigantesques des montagnes, brillait la splendide constellation de la Croix du Sud, mon premier aperçu. Nous avons retenu nos chevaux, nous sommes retournés et avons regardé les grandes étoiles brillantes descendre et disparaître derrière le rideau impénétrable de l'imposante chaîne de la Cordillère.

LE DÉBARQUEMENT, RIO DE LAS BALSAS

La rivière Balsas était désormais derrière nous. La *baranca* que nous gravissions s'élargit. Nous étions sur la voie bien tracée depuis Guerrero et même Acapulco vers le nord. Avant que le soleil ne se lève, nous avions parcouru plusieurs kilomètres sur notre chemin. Et c'était bien pour nous, car la chaleur de la journée a été la plus terrible que j'aie jamais endurée. Les animaux ne transpiraient pas, nous non plus, l'air était trop sec pour cela, mais mon sang bouillait, mes os cuisaient et ma peau desséchée par la chaleur féroce du soleil. Même les cowboys que nous rencontrions ici et là restaient silencieux sur leurs selles sous l'ombre la plus épaisse du mimosa et du mesquit.

La terre était désolée, sans habitation sauf ici et là un *rancho solitaire* ou un lieu de repos en bord de route, où les voyageurs de passage pouvaient trouver un logement rudimentaire et peut-être de la nourriture pour eux-mêmes et pour les bêtes. Le seul bruit était le bourdonnement de millions de cigales.

Il était presque midi lorsque nous atteignîmes l'abri reconnaissant de La Mina Noria, là pour nous attarder et revivre jusqu'à ce que nous puissions continuer notre route dans les heures plus fraîches de la soirée.

XIV
Accidents de route au pays de la chaleur

Mina Noria à Patzcuaro,

8-10 décembre.

Plus tard dans la journée, nous remontions la vallée de San Pedro en direction de l'Hacienda Cuyaco. Le crépuscule commençait à peine lorsque nous entendîmes la musique des violons. Nous sommes tombés sur une habitation indienne composée de deux bâtiments reliés par une large véranda au toit de chaume. Ici, sur la véranda, plusieurs jeunes au visage sombre jouaient un fandango espagnol au rythme lent, et vingt jeunes filles ou plus, disposées en rangées de quatre, marchaient au rythme de la musique, balançant leur corps et secouant de petites gourdes remplies de cailloux, pour castagnettes. L'enthousiasme des musiciens, la sobriété, la gravité et la grâce des danseurs, tandis qu'ils marchaient et se posaient, formaient un tableau charmant. Ils étaient vêtus de blanc, avec des fleurs dans leurs cheveux noirs et dansaient avec une dignité facile. Nous arrêtâmes nos chevaux et observâmes la grave compagnie, personne ne prêtant la moindre attention à notre présence, sinon pour saluer notre « *Buenas Dias* » et nous séparer de notre « *Adios* ».

Lorsque la nuit tomba sur nous, nous étions déjà loin sur la route. Juste au moment où la nuit tombait, nous rencontrâmes une bande d'Indiens avec leurs *burros*. Ils s'étaient arrêtés. Chaque Indien avait enlevé son *sombrero*. Un Indien, agenouillé, se signait. Ils faisaient face à une petite croix grossière qui s'élevait sur un tas de pierres. Chacun jeta une pierre de plus sur le tas, se signa, plia le genou et partit. C'était un endroit où la mort a rencontré un voyageur. La croix sanctifie le lieu. Les pierres le marquent de façon permanente et, d'année en année, le tas s'agrandit grâce à l'apport constant de la pierre ajoutée par chaque voyageur de passage.

La nuit nous a trouvé dans un refuge indien primitif ; un toit de chaume au-dessus d'un poêle en terre cuite. Dans le *corral*, plusieurs troupeaux de mules de bât avaient déjà été déchargés pour la nuit. Sous le toit de chaume, les chauffeurs étaient enveloppés dans leurs *zérapes* et dormaient profondément. Nous avons déroulé nos lits de camp, les avons disposés à la belle étoile et nous sommes endormis, comme nous l'étions. À deux heures, nous fûmes réveillés avant que les autres ne fussent réveillés. Nous avons préparé des tasses de café avec l'eau chaude sur la cuisinière où le feu couvant persistait toute la nuit, et nous étions en selle avant que la Croix du Sud ne disparaisse. Nous devions faire une belle journée de route, allant même jusqu'à Ario, si cela était possible, à vingt-quatre lieues (soixante milles) et cinq mille pieds au-dessus de nous dans les airs. Devons-nous pouvoir le faire ?

LES PUISSANTES CORDILLÈRES

Vers huit heures, nous atteignîmes le Rancho Cuyaco et nous nous arrêtâmes pour prendre de délicieuses tasses de chocolat et toutes les oranges et bananes que nous pouvions manger. La tasse de chocolat préparée par le Mexicain est une boisson délicieuse. Chaque tasse est réalisée séparément. La fève de chocolat est pilée dans un mortier et juste assez de la gousse de vanille, qui pousse ici en abondance, y est mélangée pour lui donner une saveur exquise. Le chocolat est épais et crémeux, et si vous souhaitez remplir votre tasse, dix minutes supplémentaires doivent s'écouler avant de l'obtenir. Aucune boisson n'est aussi rafraîchissante pour le voyageur qu'une tasse de ce délicieux chocolat.

Vers neuf heures, nous traversons à nouveau la rivière La Playa, dépassons le Rancho de ce nom et commençons la grande ascension vers la *Tierra Fria*. J'ai commencé avec des pantoufles, un pantalon en lin et un fin manteau de pyjama. A mi-chemin des cinq mille pieds, j'ai enfilé mon maillot de laine ; à midi, nous traversions les forêts de pins et de chênes près de Rancho Nuevo et grelottions de froid. Là, des chaussures lourdes et des velours côtelés chauds étaient enfilés. Nous l'avions oublié cinq heures auparavant, alors que nous brûlions et cuisions sous la chaleur torride à un kilomètre en contrebas.

A Rancho Nuevo, nous nous trouvâmes précédés par une compagnie aristocratique de dames et de messieurs venus de la région lointaine de La Union, près du Pacifique, trois *señores* et deux *señoras*, avec un certain nombre de serviteurs indiens. Ils montaient de beaux chevaux, et leurs selles et leurs harnais étaient de la plus somptueuse fabrication mexicaine. Le chef de l'entreprise était un homme âgé aux cheveux blancs et à la barbe blanche, un *haciendado* d'importance. Il portait des chaussures étroites en cuir beige ; ses jambes étaient enveloppées dans de hautes jambières de cuir arrivant au-dessus des genoux ; son pantalon était ajusté, lacé de cordons argentés et marqué de boutons argentés sur les côtés ; une chemise en lin blanc doux était attachée lâchement au cou avec un foulard en soie noire, et un gilet court en velours noir et une veste en velours avec des boutons argentés et de nombreux galons argentés complétaient le costume. Son haut *sombrero en feutre* , de couleur grise, portait sur le côté droit un grand monogramme argenté. Autour de sa taille, une ceinture de cuir soutenait des pistolets, et de grands éperons cliquetaient à chaque talon. Les deux autres *caballeros* étaient vêtus et armés de la même manière. Les dames portaient de longues robes d'équitation qu'elles tenaient à deux mains lorsqu'elles se promenaient. Il y avait de belles bagues aux doigts de la femme aînée, la plus jeune portait de grandes créoles aux oreilles, tandis qu'un diamant brillait sur sa main gauche. Leurs selles étaient comme des chaises sur lesquelles ils s'asseyaient de côté, reposant les deux pieds sur une rampe en bois. Je n'ai pas vérifié s'ils guidaient eux-mêmes leurs animaux avec les rênes, ou si ceux-ci étaient conduits par les longues lignes de licou dont étaient munies les brides. Lorsque nous sommes arrivés, la cuisine était en train de préparer le dîner pour ces invités. Pendant ce temps, les dames s'étendaient sur les bancs de bois pour faire *la sieste de midi* et les hommes se tenaient par groupes et nous regardaient avec un air soupçonneux. La vérité est que les Mexicains de la classe supérieure considèrent les Américains avec beaucoup de doute. De nombreux Américains ont quitté leur pays d'origine, pour le bien de leur pays ; tant de scélérats américains ont profité de l'hospitalité des hôtes mexicains, que le Mexicain d'aujourd'hui a appris à exiger des lettres d'introduction avant de montrer à l'étranger américain la courtoisie qu'il est racialement instinctif de lui accorder.

La compagnie arriva la première, mangea, remballa, monta et partit quelque temps avant nous, bien que nous hâtions notre propre départ, raccourcissant l'intervalle de repos de midi, afin de pouvoir atteindre Ario avant la tombée de la nuit.

Au cours des derniers jours, j'ai monté mon mulet sans l'encombrement de l'effroyable mors et de la bride dont il était équipé au départ, le guidant avec un licol seul, et je l'ai trouvé d'autant plus meilleur meneur d'allure. Il est de couleur noire, de taille supérieure à la moyenne, et de cette souche supérieure pour laquelle l'Espagne et le Mexique sont depuis longtemps célèbres, le mulet de haute race. Il s'est montré digne de sa confiance, car pendant tout ce voyage il n'a jamais trébuché ni fait un seul faux pas, même si le chemin était accidenté ou escarpé dans la pente que nous avons parcourue.

Aujourd'hui, vers la fin du voyage, il est la bête supérieure de toute la compagnie, même si au début je doutais de ma monture. Cet après-midi, je l'ai prêté à Tio, dont la lourdeur a écorché le dos de sa jument. J'ai échangé mon poids léger contre ce malheureux animal, dont les plaies ne pourront jamais guérir, et qui sera monté par les voyageurs successifs jusqu'à ce qu'il soit fatigué et harcelé jusqu'à sa mort.

À peine la fin de la journée s'est-elle produite que les murs blancs d'Ario nous regardaient du haut des pentes et que nous étions accueillis par notre hôte de l'hôtel Morelos avec la chaleur d'un vieil ami. Il était particulièrement cordial envers Tio, et j'assistais maintenant, dans toute sa perfection, à l'étreinte d'une vieille connaissance, qui est la marque particulière de l'estime des Mexicains. Notre hôte et Tio saisirent leur main droite et la serrèrent cordialement, puis, les mains toujours jointes, chacun se dirigea vers l'autre, regarda par-dessus l'épaule gauche de l'autre et lui donna plusieurs claques percussives dans le dos. Ce processus fut répété plusieurs fois à intervalles jusqu'à ce que finalement les deux se séparent avec de nombreux saluts de profonde estime. Je me suis assis un matin sur la Plaza Grande, devant la grande cathédrale de Mexico, et j'ai vu deux connaissances occasionnelles se saluer ainsi ; d'abord, ils se serrèrent la main, puis ils s'embrassèrent, puis ils se serrèrent à nouveau la main, et toutes les quelques minutes répétaient la poignée de main et l'étreinte au cours de la longue conversation, chacun semblant ainsi assurer à l'autre qu'il était vraiment l'ami qu'il prétendait être.

Nous étions bel et bien arrivés à Ario. Nous avions fait une belle chevauchée depuis l'aube, avions passé plus de dix heures en selle, parcouru une soixantaine de milles et gravi cinq mille quatre cents pieds ! El Padre et moi sommes d'abord entrés dans les rues étroites, un peu plus tard est arrivé notre *mozo* , Izus, conduisant devant lui nos bêtes de somme, et une demi-heure derrière lui arrivaient Tio et ma mule. Il déclara que l'animal était presque mort et nous craignions qu'il ne le soit, mais le lendemain matin, alors que nous nous préparions à repartir, nous trouvâmes son muletier, ainsi que les chevaux, en parfaite forme, comme s'ils n'avaient plus longtemps. un voyage étouffant et une ascension monstrueuse avaient été le labeur de la veille.

L'air des hauts plateaux était frais et vif. Son tonique était si revigorant que nous en oubliions la fatigue et que nous faisions le voyage jusqu'à Santa Clara et Patzcuaro aussi facilement qu'au départ.

Sur ces hautes terres, des milliers de moutons sont élevés, et j'ai remarqué avec intérêt que parmi les troupeaux considérables que nous avons vus paître sur les vastes pâturages le long de notre route, la majorité étaient noirs. On dit que cela est le résultat de la négligence mexicaine. Le mouton blanc est une œuvre d'art. Les troupeaux sont maintenus blancs en éliminant le noir, mais tout comme les porcs laissés en liberté reviennent à la couleur la plus forte, de même les troupeaux du Mexique, dans la mesure où ils ont été entièrement négligés depuis le jour où la domination espagnole a été détruite, sont revenus à la teinte la plus résistante, jusqu'à ce qu'aujourd'hui la plus grande proportion soit noire. Détruire ces moutons noirs maintenant entraînerait une trop grande perte.

Dans un pays comme celui-ci, où le cheval, le mulet et le *burro* , ainsi que l'homme, sont les principaux moyens de transport, on est continuellement surpris des lourds fardeaux portés, ainsi que de l'habileté et du soin avec lesquels les charges sont transportées. Un piano est démonté, emballé sur un train de mules et emmené dans un village ou une *hacienda lointaine* . Des meubles élégants et fragiles, fabriqués en France ou dans d'autres pays continentaux, sont ainsi véhiculés. Dans chaque communauté, il y a des ébénistes experts, capables de réparer et d'assembler les meubles les plus chers, et qui font le travail si adroitement qu'ils sont encore plus solides que lorsqu'ils étaient fabriqués à l'origine.

UN TROUPEAU DE MOUTONS, PRÈS D'ARIO

Il n'y a aucun fardeau qu'un seul Indien, ou deux Indiens, ou une douzaine d'Indiens, ne puisse porter sur ses épaules à quelque point ou à quelque distance que vous puissiez nommer. Ces charges et fardeaux sont transportés avec un soin et une sécurité qui pourraient servir de leçon aux casse-bagages et aux casseurs de fret de nos chemins de fer modernes.

Lorsque nous approchâmes de Patzcuaro, nous rencontrâmes une multitude d'Indiens, hommes, femmes et enfants, voyageant tous dans la même direction que nous. Après enquête, nous avons appris qu'ils se rendaient à Patzcuaro pour participer à la *fête* célébrée en l'honneur de Notre-Dame de Guadaloupe, la patronne du Mexique, la Madone indienne, que les citoyens basanés de la république adorent. Plus nous approchions de la ville, plus la foule de gens remplissait les routes qui y conduisent. Dans la ville, les rues étaient remplies de ces gens étranges et sauvages, des Indiens Tarascon pour la plupart, dont beaucoup avaient économisé toute l'année pour cette occasion, et viennent maintenant ici pour dépenser leurs maigres trésors en une seule semaine. Mille jeux de hasard battaient leur plein. Toutes sortes de projets étaient évoqués, chacun d'entre eux étant destiné à priver le pieux Indien de son dernier *centavo* . Le long des trottoirs, des centaines de petits feux de charbon de bois étaient allumés, où la nourriture rôtissait sur des braseros. Des hommes marchaient dans les rues avec des sacs de *pulque en peau de porc* sur le dos et une gourde à la main, criant « seulement un *centavo* pour boire ! » Les garçons *Dulce* portaient sur leur tête de grands paniers remplis de friandises à la goyave et de fruits confits. Les boulangers passaient avec des rondelles de pain autour du cou et de petites rondelles de pain attachées aux bras. Dans les églises, un service continu a lieu jour et nuit, et le pieux joueur de la *place* a toute possibilité de voler le péon et d'enrichir l'église. Au bord de la route, des groupes d'Indiens sont accroupis et échangent des potins ; des centaines d'hommes sont appuyés contre les murs, partout où l'ombre offre un refuge contre le soleil, silencieux et enveloppés dans *des zerapes* aux couleurs vives , voyant tout, mais ne disant jamais un mot. À la Fonda Diligencia, à côté de la grande église, une compagnie de messieurs fortunés de Mexico, vêtus de grands costumes et de chapeaux de poêle, ont ouvert de beaux jeux de *Caballos* et *de Rouge et Noir* , et autour d'eux sont rassemblés les *Dons* et *les Doñas* de la ville. Je vois un prêtre s'approcher de la table, déposer son argent et gagner ; un Indien aventureux, qui a regardé le *padre* d'un air interrogateur, désormais rassuré, monte lui aussi, dépose quelques *centavos* et perd tout !

SCÈNE DE RUE—PATZCUARO

Nous nous reposons à nouveau à l'hôtel Concordia. Nous retrouvons notre chambre où nos bagages ont été stockés en toute sécurité. Nous enlevons nos velours côtelés, enfilons du linge frais et paraissons à nouveau habillés comme nous pourrions l'être à la maison. Izus est désolé de te dire au revoir. Nous ajoutons la moitié à son salaire pour son service efficace, et je lui présente mon grand couteau bowie pour son plus grand plaisir. Je lui offre un double prix pour le beau coq de combat qu'il a ramené de Noria, mais il n'y renoncera pas. Il a un voisin dont le poulet a tué le sien il y a quelques mois. Il a désormais trouvé un oiseau qui lui procurera une douce vengeance et quant à le vendre, l'argent n'a aucune valeur à ses yeux !

XV
Morelia—La capitale de l'État du Michoacan—Ses rues—Ses parcs—Ses églises—Sa musique

Morelia, État du Michoacán, Mexique,

12 décembre.

Le Congrès du grand État du Michoacan, un État aussi grand que dix Virginies occidentales et avec une population de six cent cinquante mille habitants, se réunit dans la capitale de l'État, Morelia. Il se réunit trois fois par semaine au Palais. Un érudit membre du barreau et membre du Congrès m'a escorté jusqu'au corps digne et m'a officiellement présenté comme « *Señor Licénciado Eduardos, del Estado de 'Quest Verhinia', de los Estados Unidos del Norte.* « Tous les membres se sont levés pour me recevoir. Il n'y a qu'une seule chambre. Ses quatorze membres élaborent toutes les lois du Michoacán, toujours soumises à l'approbation du président Díaz à Mexico. Diaz décide qui seront les quatorze membres. Il charge le gouverneur de l'État de faire élire les quatorze hommes qu'il nomme, et ces quatorze sont toujours choisis et aucun autre. Le président Díaz indique également qui seront élus gouverneurs des différents États, et ils sont toujours élus.

Après que ce Congrès m'ait salué et que je me sois incliné en réponse, nous nous sommes tous assis dans la belle salle. Les quatorze étaient pour la plupart de petits hommes bruns avec une bonne tête. Le président du Congrès était un vieil homme aux cheveux blancs, au visage ridé et à de longues *moustaches blanches* . C'est lui qui a le plus parlé de toutes les mesures. Il resta assis pendant qu'il parlait. La première question soumise au Congrès était celle des « Rapports des commissions ». Chaque membre formait un comité entier. Chaque commission faisait un rapport et se levait face au Président pour le faire. La principale question à l'étude était une concession ferroviaire aux Américains, impliquant une concession de terres de plusieurs milliers d'acres. Le Congrès l'accordera parce que le président Diaz affirme que le chemin de fer devrait l'avoir. Après une heure ou plus de discussions, le Congrès s'est ajourné. Les membres sont venus et ont été présentés. J'ai serré la main à plusieurs reprises de chaque membre et plus souvent encore de celle du Président.

Attenantes à la salle du Congrès se trouvaient plusieurs grandes salles dont les murs étaient ornés de portraits des grands hommes du Michoacán, qui ont contribué à libérer le Mexique et à détruire Maximilien. Cette belle ville de trente-cinq mille habitants s'appelait autrefois Valladolid. Mais lorsque les Espagnols fusillèrent ignominieusement dans le dos le patriote Morelos, les gens changèrent son nom en Morelia, car Morelos était leur concitoyen, et ils sonnèrent les cloches des églises, allumèrent des feux de joie et illuminèrent leurs maisons lorsque le dernier appel espagnol. Le vice-roi a été chassé du pays.

Le *señor* par qui j'ai eu l'honneur d'être présenté au Congrès, j'ai ensuite eu le plaisir de rencontrer plus intimement dans son cabinet, *le señor Don Licénciado* Vicente Garcia, sénateur, juge, conseiller d'État et avocat profondément versé dans les curieux apprentissage du droit hispano-mexicain. C'est un gentleman de la vieille école, un Mexicain cultivé de cette petite classe parmi laquelle l'érudition et le savoir ont été continuellement préservés, depuis l'avènement des quelques docteurs en droit qui accompagnèrent les premiers vice-rois en Nouvelle-Espagne. Hommes mûrs dans l'érudition médiévale, indépendamment des enseignements et des doctrines du droit canonique, ils ont toujours formé une classe distincte au Mexique, tout comme dans la vieille Espagne, et ont jalousement chéri ce germe d'indépendance intellectuelle à partir duquel s'est développée avec succès l'opposition des l'État à l'empiétement incessant et secret de l'Église romaine.

Dans la bibliothèque bien rangée de Señor Garcia, j'ai remarqué de nombreux tomes curieux et anciens à feuilles de vélin, contenant certains des premiers codes imprimés du droit mexicain, ainsi que des traités en français sur le Code Napoléon, et il y avait quelques décisions, en français . , des tribunaux de Louisiane. Il y avait aussi un Blackstone en anglais et quelques traités de droit nouvellement reliés dans cette langue, volumes appartenant à son fils, dit-il, qui suivait un cours spécial d'anglais à l'Université de l'État.

UNE VUE À MORELIA

Don Licénciado Garcia est un homme de petite taille, aux cheveux blanchis, à la moustache grise et au visage intellectuel. Vous savez à la fois qu'il est l'étudiant et l'érudit, même si, avec des lunettes noires qui lui cachaient les yeux, il nous a pathétiquement informé qu'il devenait rapidement aveugle. En effet, il ne sait plus voir pour écrire ni lire, mais emploie un lecteur et confie à son fils toute correspondance, menant ainsi sa vaste pratique avec d'autres yeux et d'autres mains que les siens. Nous l'avons trouvé très occupé, car au Mexique les tribunaux siègent perpétuellement et une affaire inscrite au rôle est susceptible d'être appelée à tout moment.

Il existe dans la République mexicaine de nombreux hommes tels que *Señor* Garcia, et c'est à eux qu'il faut vraiment attribuer une grande partie de la disposition conservatrice du gouvernement. Ils sont les conservateurs du libéralisme scientifique et forment une communauté d'intelligence et de savoir sur laquelle le président Diaz peut toujours compter pour apporter son aide et sa direction dans le maintien et la préservation de la stabilité de la République.

Morelia est une ville plus ancienne que n'importe quelle ville des États-Unis. Ses rues étaient pavées avant que Boston ne soit sortie des marécages et avant que l'on pense à Richmond. Toutes les villes mexicaines sont pavées, chaque rue, chaque ruelle. Un grand aqueduc, bâti sur d'immenses arches, apporte une abondante réserve d'eau douce et fraîche. Il existe de nombreux parcs magnifiques dans ces villes mexicaines, tous entretenus en parfait état aux frais de la municipalité. Ici fleurissent toujours des arbustes à fleurs, des rosiers, des géraniums et des héliotropes, devenus de véritables arbres ; il y a des orangers et des citronniers, des grenadiers et des figuiers, des palmiers et des bananiers ; il y a des statues, des fontaines coulantes et de grands sièges en pierre sculptée, tous gratuits pour le peuple.

Il y a beaucoup d'eau qui coule sur ces hauts plateaux, et déjà son énergie, exploitée par la turbine et la dynamo, fournit gratuitement à la population de l'éclairage électrique. Les villes mexicaines et les gouvernements municipaux sont gérés pour le bénéfice du peuple. Il n'y a pas de monopoles. Si le président Diaz entend dire qu'un maire, un conseil municipal ou un congrès ne gère pas les choses comme il le juge nécessaire, il lui suggère simplement de démissionner. S'il n'obtempère pas, une invitation polie lui demande de venir dans la Capitale dîner avec le Président. S'il n'a pas faim et ne vient pas, quelques soldats (dans un cas, une petite armée) descendent et escortent poliment le monsieur jusqu'au dîner. Il peut être abattu, il peut être autorisé à vivre tranquillement quelque part dans la ville du président avec un soldat pour compagnon de vie, mais il ne rentre jamais chez lui. Un ancien gouverneur de l'État de Guerrero vit à Mexico, avec un soldat pour ami, depuis vingt ans !

LA CATHÉDRALE—MORELIA

Les villes mexicaines sont propres. Un homme qui ne balaie pas son trottoir, qui désobéit à un avis l'invitant à le garder propre, risque de se réveiller en prison. Il n'existe pas d'« *habeas corpus* » au Mexique. Une fois en prison, un homme peut y rester toute sa vie. Et les prisons mexicaines ne sont pas des endroits agréables où l'on reste longtemps.

Chaque État est divisé en *Distritos* , correspondant à nos comtés. Chaque *district* , au lieu d'avoir un tribunal de comté comme nos comtés de Virginie occidentale, a un *Jefe Politico* (chef politique) nommé par le gouverneur. Il maintient la paix, il dirige le comté. S'il s'agit d'un homme méchant, le gouverneur, avec l'approbation du président Diaz, peut faire retirer ou fusiller le *Jefe* . Le *Jefe* (« Hefy ») au sein de son *Distrito* a le pouvoir de vie et de mort. Si un citoyen fait « trop d'enfer » dans son quartier, la première chose qu'il sait est qu'il est emmené dans les bois par une bande de policiers *ruraux* – et immédiatement abattu, et il est enterré là où il tombe. Un homme ainsi arrêté et abattu aurait « tenté de s'échapper et aurait été abattu alors qu'il s'enfuyait ». Aucune question n'est posée. Le *Jefe* dirige son *District* avec une main d'acier dans un gant de velours, tout comme le président Diaz dirige la nation.

Le Mexique a un gouvernement compétent, intelligent, quoique arbitraire. Elle est réveillée. Elle est progressiste. J'ai été émerveillé par la richesse et la beauté, la propreté et le confort de ses villes, par la splendeur de sa capitale, par la fertilité et la variété de ses sols et de ses climats, le printemps perpétuel d'Ario et de Morelia et de Toluca et du Mexique. Ville, l'été éternel et les chaleurs tropicales des basses terres de la *Tierra Caliente* , tandis qu'entre les hautes terres et les basses terres s'étendent les niveaux tempérés, la *Tierra Templada* , où règnent des climats allant de ceux de Cuba à ceux de Québec.

Il y a trois cents ans, la civilisation espagnole était en avance sur celle de l'Angleterre et de l'Allemagne. Mais l'Espagne et ses colonies restèrent immobiles. Aujourd'hui, nos peuples teutoniques sont en tête. Les Mexicains progressistes, qui n'aiment pas l'Espagne, le savent et apprennent rapidement ce que nous devons enseigner.

Rien ne m'a plus plu dans ce pays splendide et opulent que de découvrir que partout les hommes sont avides d'apprendre la langue américaine. Cette langue est enseignée dans toutes les écoles publiques, dans tous les collèges. C'est l'espoir et la fierté de tout homme fortuné d'avoir son fils capable de parler anglais. Dans cinquante ans, ou moins, l'anglais aura largement chassé la langue espagnole, et nul n'est plus désireux de ce résultat que les hommes progressistes au pouvoir au Mexique.

Morelia a une grande fierté civique et, par-dessus tout, elle est fière de sa musique ; fière de ses groupes. Une fois par an, les *Morelianos* musicaux organisent un concours entre eux, et le groupe déclaré vainqueur est envoyé à Mexico pour concourir avec des groupes d'autres villes pour la prééminence musicale de la République. Un grand intérêt est porté à ces concours musicaux. Depuis plusieurs années, l'orchestre champion de Morelia remporte le prix national. Jouer dans le groupe est une marque de distinction et le chef du groupe est un dignitaire local. Le groupe principal joue sur la *place* chaque après-midi. Ce parc est rempli de beaux arbres, avec de nombreuses fleurs, et possède plusieurs fontaines et des sièges confortables, où vous pouvez vous asseoir et écouter le clapotis des eaux tintantes et les mélodies émouvantes de la fanfare. Ces places sont gratuites pour tous. Ensuite, il y a aussi des chaises pour lesquelles la ville vend le privilège, et les chaises sont louées pour *cinco centavos* (cinq cents mexicains, équivalant à environ deux cents américains) par heure, pour une chaise simple à fond rugueux ; *vicenti-cinco centavos* (vingt-cinq cents mexicains) pour une grande chaise avec accoudoirs. Vous payez votre argent, vous vous asseyez sur votre chaise et profitez de la musique aussi longtemps que vous avez envie de l'écouter. Les pauvres *gens* s'assoient sur les bancs libres ; ceux qui ont quelques *centavos* en réserve louent une simple chaise. Les riches marchands et *les haciendados* louent les grandes chaises et s'y assoient avec leurs familles, bavardant et applaudissant la musique et regardant les foules qui tournent en rond autour de la place. Les *señoritas* , trois ou quatre de front, accompagnées de chaperons, marchent à l'intérieur du large trottoir. Les fringants *caballeros* et *rancherros* , les mecs et les beaux, dans leur parure la plus courageuse, marchent trois ou quatre de front dans l'autre sens à l'extérieur. Les jeunes messieurs ne parlent peut-être jamais aux jeunes dames dans la rue, mais ils leur lancent des regards brûlants, et les yeux noirs des *señoritas* ne tardent pas à répondre.

J'ai passé une matinée à visiter les marchés et à observer la vie urbaine dans les rues. Au Mexique, votre statut social est marqué par le fait de ferrer vos pieds, de vous couvrir la tête ; vos bottes et vos chapeaux sont les deux choses qu'un Mexicain regarde en premier lorsqu'il s'approche de vous. Le Mexicain adore mettre ses pieds dans des chaussures longues et étroites à pointe de cure-dent ; plus il est petit et délicat, plus il est heureux. Pour un chapeau, le coûteux *sombrero* , pour lequel on paie souvent cinquante à cent dollars, couvre l'homme aisé ; parfois, un chapeau peut coûter le double de cette somme. Il peut s'agir de feutre ou de paille tressée coûteuse avec une bande de fils d'or ou d'argent tissés autour de la couronne. Généralement, un grand monogramme en or ou en argent de plusieurs pouces de haut se trouve sur un côté. Je portais une paire de chaussures de marche à larges semelles huilées, avec de gros œillets pour les lacets. Solides et confortables, elles auraient été tout à fait correctes aux États-Unis, mais les foules qui passaient dans les rues regardaient avec une franche perplexité ces chaussures, pour elles, extraordinaires. Mes chaussures robustes sont devenues le commentaire de la ville. Alors que j'étais assis dans le parc dans l'après-midi, plusieurs groupes de jeunes gens à la mode sont venus et, s'arrêtant, ont regardé attentivement mes nouvelles chaussures. Mon chapeau, un vêtement ample et confortable du type soldat, leur paraissait également d'un coût merveilleux : « Seulement cinq dollars pour un chapeau ! » " *Certainement! El Señor* a dû payer plus que ça ! Le pantalon américain, peu ajusté à la jambe, a également été remarqué. On se plaint que les jeunes gens des riches familles mexicaines, qui fréquentent maintenant Cornell, Harvard et Yale, au lieu d'aller dans la vieille Espagne ou en France, reviennent dans ces vêtements américains et insistent pour porter ces pantalons américains amples, au scandale. de la mode conservatrice. Mais chez les dames, le chapeau américain n'a pas encore conquis la *mantille* , et j'en suis reconnaissant. La *mantille gracieuse* est si attrayante et si délicatement posée sur le front tressé noir de la *señora* et de la *señorita* qui passent devant vous !

Il est contraire aux lois du Mexique que les ordres religieux vivent plus longtemps au sein de la République, mais à Morelia on dit que plusieurs de ces ordres existent clandestinement. Un groupe de dames, que nous rencontrâmes à la gare de départ, toutes tranquillement vêtues de noir, portant sur la tête *des tapalos* noirs — comme un *reboso* mais d'un tissu plus coûteux —, m'étaient désignés comme une compagnie *subrosa de religieuses.*

Morelia est le siège d'un archevêque. La cathédrale est une belle copie de celle de Valladolid, dans l'ancienne Espagne. Il est conservé en parfait état. À l'intérieur, il resplendit d'or et d'argent et de murs et de toits richement colorés. Il possède de nombreuses belles statues de saints et l'un des plus beaux orgues du monde. On estime que le riche archevêque vaut plus de six millions de dollars (mexicains). On dit qu'il possède des milliers d'acres fertiles des meilleures terres de l'État du Michoacán. (Toutes ces richesses du monde, l'archevêque les détient *subrosa*, contrairement à la lettre de la loi.)

Il y a plusieurs centaines d'églises à Morelia. Ici, l'ecclésiastique romain occupe une place importante et se rend attrayant pour le peuple. Nous avons assisté à une célébration nocturne spéciale de la messe dans une belle et grande église, dédiée à *Nuestra Señora de Guadeloupe*. L'église, à l'intérieur comme à l'extérieur, était éclairée par des milliers de lumières électriques. Un orchestre complet était employé, des violons, des violoncelles et des mandolines, des flûtes, des cornets, des cors et des trombones, un bel orgue ainsi qu'un piano, tandis que plusieurs centaines d'hommes et de garçons vêtus de soutane chantaient et chantaient en merveilleuse harmonie avec la musique orchestrale exquise. . De nombreuses voix révélaient la plus haute culture, et certaines des sopranos masculines s'élevaient avec force, douceur et clarté comme les tons d'une Nordica.

Alors que nous nous tenions près du portail de l'église, écoutant la musique et regardant la multitude de fidèles, un Indien, sauvage comme les Cordillères de Guerrero, d'où il venait, entra timidement et s'arrêta dans le portail de marbre comme stupéfait. Ses pieds durs et rugueux n'avaient pas de sandales. Son *zérape rouge* pendait en lambeaux sur ses vêtements en lambeaux, autrefois blancs. Sa touffe de cheveux noirs n'avait jamais connu de peigne ; et même s'il ôta enfin son *sombrero*, il lui fallut quelques instants avant de l'enlever. Il est venu des ténèbres extérieures. Il se tenait dans l'éclat flamboyant des mille lumières, oubliant de se signer, écoutant la puissante mélodie du grand chœur et des nombreux instruments, fixant la scène brillante. Ses yeux s'écarquillèrent, son visage se raidit, sa poitrine se souleva. Il se croyait transporté au Paradis ! Mon ami missionnaire protestant l'a observé tout comme moi, puis s'est tourné vers moi et a observé : « Pouvez-vous vous étonner que le missionnaire protestant n'en soit pas là, lorsqu'il entreprend de rivaliser avec la splendeur somptueuse et la magnificence organisée des rituels et des édifices de l'époque romaine ? Église? Notre seule chance est d'ouvrir des écoles pour les enfants, de les prendre jeunes et de les instruire tôt, et alors, peut-être, quand ils seront grands, quelques-uns d'entre eux auront appris à adhérer à la doctrine simple et à la pratique claire de notre enseignement protestant. »

Les Jésuites soutiennent ici le beau collège de San Nicolas pour hommes, où Hidalgo enseignait autrefois et où Morelos étudiait, et qui, fondé en 1540, se vante d'être la plus ancienne institution d'enseignement des Amériques. Les Jésuites entretiennent également une grande école pour jeunes filles. Ils s'efforcent de résister à la vague de progrès qui américanise si rapidement le pays. Mais même ici, les générations montantes soutiennent de plus en plus la politique des hommes éclairés et libéraux qui guident désormais les destinées de la République.

UN OTOME SAUVAGE EN VOL DEPUIS MON KODAK

XVI
Morelia et Toluca – Les marchés – Les collèges – Les écoles – L'esprit ancien et moderne

Hier après-midi, à quatre heures, j'ai quitté Morelia par le chemin de fer national et je suis arrivé ici à trois heures du matin. Tio a continué vers Mexico, mais je me suis arrêté pour passer la journée avec mon ami El Padre, le missionnaire, qui faisait partie de notre groupe à la *Tierra Caliente* .

De mon hôtel Jardin, à Morelia, je descendis à la gare dans une très ancienne petite voiture tirée par une seule mule ; le tramway électrique n'est pas encore arrivé dans cette capitale.

Il faisait encore nuit quand je fus réveillé pour Toluca. Quand je suis descendu du train, l'air était froid, glacial. La ville était silencieuse, mais bien éclairée par l'électricité, et un tramway électrique moderne m'attendait à la gare. Toluca me donna ainsi, à l'heure de mon arrivée nocturne, l'impression d'être plus moderne que Morelia, et cette impression se confirma par une connaissance ultérieure.

Toluca est l'une des villes en croissance les plus vigoureuses de la république. C'est une communauté d'environ vingt-cinq mille habitants, la capitale de l'État de Mexico, et se trouve mille pieds plus haut que Mexico. Il se trouve près du centre d'une vallée fertile, longue de quarante ou cinquante milles et large de dix à vingt, tandis que dix milles au sud-ouest domine le volcan de Toluca aux sommets enneigés, soulevant son cône étincelant quinze mille pieds dans les cieux, son la fonte des neiges donne à la ville un approvisionnement abondant en eau pure.

La différenciation religieuse entre Toluca et Morelia est marquée. Morelia est l'une des six villes cathédrales du Mexique et est le siège de l'un des six archevêques. Morelia est également le centre de l'activité jésuite au Mexique. A Morelia, l'Espagnol-Mexicain enlève son *sombrero* lorsqu'il passe devant la cathédrale ; l'Indien s'agenouille dans la rue et se signe. Les quelques centaines d'églises sont en excellent état. L'ecclésiastique domine, le laïc est subordonné. À Toluca, au contraire, la domination de l'Église est mise de côté ; bien qu'il existe un certain nombre d'églises, elles sont vieilles et pour la plupart délabrées. Les fondations d'une grande cathédrale, posées il y a de nombreuses années, sont désormais recouvertes d'herbe et de buissons. Aucun argent n'est sorti des poches de Tolucan pour le construire. Le gouverneur de Toluca compte parmi les hommes les plus progressistes et libéraux de la république. Son administration entretient de grandes écoles et académies pour l'instruction des jeunes hommes et femmes, où les sciences sont enseignées, où règne la pensée éclairée et où une attention particulière est accordée à la langue et à la littérature anglaises. Plusieurs des instructeurs viennent de Chicago.

UNE DILIGENCE—TOLUCA

Il existe de nombreuses belles résidences à Toluca, avec de beaux terrains privés. Les bâtiments publics sont neufs et imposants ; le parc Alameda, avec ses bosquets, ses jardins et ses multitudes d'oiseaux, est aussi beau que Chapultepec.

Il existe également une grande activité commerciale à Toluca et un certain nombre de manufactures prospères.

Le matin de ma visite, j'ai remarqué une foule inhabituelle dans les rues. Il s'est précipité vers moi. C'était respectueux et calme. La compagnie basanée se pressait pour regarder avec émerveillement deux petites Suédoises, aux yeux les plus bleus, aux joues les plus roses, et aux tresses de cheveux les plus dorées, types parfaits du Nord scandinave. Ils étaient les enfants d'ouvriers importés de Suède et enseignaient désormais aux Tolucans la fabrication artisanale du fer.

La riche vallée, au climat de printemps perpétuel, abrite une importante population indienne aztèque et otomy. Ceux-ci vivent dans de nombreuses villes construites en pierre et en pisé, abritant deux à trois mille âmes, parlant même leur ancienne langue aztèque et ne connaissant que suffisamment l'espagnol pour faire du commerce. Ce sont pour la plupart des agriculteurs et ils cultivent de grandes récoltes de blé et de maïs, qui sont transportées sur le marché sur le dos d'hommes, de mules et *de burros* . Nous avons rencontré de nombreuses cavalcades de ce genre qui entraient dans la ville, et généralement conduites par des Indiens des types les plus sauvages que nous ayons jamais vus. Les hommes robustes et robustes sont d'une race plus forte que les habitants de la *Tierra Caliente* , le long de la vallée des Balsas. Ces Indiens courent, pas un seul d'entre eux ne marche. Ils font un pas rapide et court, une sorte de jogging-trot, qui les fait avancer de plusieurs kilomètres par jour.

Le climat de Toluca est plus froid et plus sec que celui de Mexico, la ville étant beaucoup plus haute au-dessus de la mer. On dit que la température nocturne, toute l'année, est proche du gel, tombant jusqu'à trente-neuf degrés (Fahrenheit). Aujourd'hui, sur les marchés, j'ai vu des oranges, des citrons verts, des tamarins, des pommes, des goyaves, des aubières, trois sortes de bananes, des fraises et plusieurs autres fruits que je ne connaissais pas, ainsi que des pois frais, des haricots, de la laitue, des navets, des betteraves. , pommes de terre, patates douces, ignames et plusieurs autres tubercules comestibles. Je viens aussi d'acheter de la célèbre dentelle de Toluca, fabriquée par les Indiens, et de jolis châles (*tapalos*) de fabrication indigène. Une poterie indienne, fabriquée ici, est également attrayante : des objets bruns et jaunes, transformés en jarres et en cruches d'eau, dont j'envoie certaines à Kanawha.

Quelle terre ce pays des hauts plateaux tempérés serait devenu si seulement nos ancêtres puritains et cavaliers l'avaient découvert et pris ! Mais les descendants de Puritain et de Cavalier ont enfin découvert le charme et la richesse de ce grand pays et, peu à peu, commencent à y entrer, en collaborant avec sympathie avec ses habitants. Le Mexique deviendra encore un facteur très puissant dans les affaires mondiales. Les Mexicains progressistes espèrent le jour où le Mexique deviendra encore plus étroitement lié à la grande République du Nord. Les Mexicains réactionnaires, les conservateurs de l'Église romaine, redoutent et déprécient le changement imminent. El Mundo, journal principal du parti ecclésiastique, déclame continuellement contre ce qu'il dénonce comme la « conquête pacifique » de *Los Americanos* .

À Toluca, il n'y a pas eu de grande célébration du 12 décembre, « jour du couronnement de la Vierge de Guadalupe, la Madone indienne », la plus grande fête de l'année pour tous les Indiens. A Morelia, au contraire, comme à Patzcuaro, la ville était éclairée d'un bout à l'autre avec de l'électricité, des becs de gaz, des lanternes, des multitudes de bougies, des torches. La cathédrale et les nombreuses églises étaient ornées de bandes de feu le long de chaque corniche, de haut en bas de chaque beffroi et de chaque tour, et les centaines de cloches sonnaient de manière discordante. Les cloches des églises du Mexique ne sont pas agitées ni sonnées, et il n'y a pas non plus de battants accrochés à la gorge. Les cloches sont fixées dans une position, frappées avec un lourd marteau et distrayent l'étranger par leur dissonance incessante.

On dit que l'illumination de Morelia est payée à partir de la poitrine de l'archevêque, bien que chaque laïc soit censé placer ses propres bougies devant sa porte. Devant la cathédrale, une compagnie de prêtres a déclenché un feu d'artifice élaboré. Pendant la journée, des centaines d'Indiens sont entrés dans la ville, au moment même où je les voyais entrer à Patzcuaro. Ils campaient dans les rues, cuisinaient sur de petits feux le long des trottoirs et dormaient partout où ils se trouvaient. Ces Indiens étaient pour la plupart à pied, les femmes portaient leurs bébés sur leur dos, même les vieillards étaient parfois portés sur les épaules des hommes plus jeunes. La ville bondée et excitée se réveillait tôt. En fait, il n'a jamais dormi. Et il n'y avait pas seulement des nuées d'Indiens, mais aussi des groupes de *haciendados fringants* dans leurs hauts *sombreros , leurs vestes courtes en velours et leurs pantalons* moulants, lacés et boutonnés d'argent , tous se mêlant et se promenant et célébrant la *fête* du saint patron du Mexique.

UN INSTANTANÉ À TRAVERS UNE PORTE—TOLUCA

A Morelia, personne n'a encore osé vendre un pied de terrain aux missionnaires protestants. Cela signifierait la ruine du vendeur.

À Toluca, l'Église protestante (les baptistes) a acheté des bâtiments et ouvert une belle école pour garçons et filles, qui est devenue la fierté et l'œuvre de la vie d'El Padre.

Tant de canailles douces et rusées ont fui au Mexique, là-bas pour se cacher de la justice américaine, que les Mexicains ont commencé à douter de nous tous. Il est donc doublement gratifiant de voir ici honorés et estimés le meilleur type de notre citoyenneté éclairée comme El Padre et quelques autres que j'ai rencontrés.

XVII
Cuernavaca—Le siège du comté de Montezuma, des vice-rois de Cortés et d'Espagne, de Maximilien—Un agréable point d'eau du Mexique moderne

Hôtel Iturbide, Mexico,

17 décembre.

C'est ma dernière nuit à Mexico. Je partirai d'ici demain mercredi à 21 h 30 par le chemin de fer mexicain pour Vera Cruz. J'y arriverai à temps pour le petit-déjeuner, monterai à bord du bateau à vapeur de la Ward Line, *Monterey*, et naviguerai vers midi pour La Havane, via Progresso, Yucatan.

J'ai retardé mon départ jusqu'au soir, afin de pouvoir visiter Cuernavaca et avoir un aperçu de cette célèbre station d'eau et de la riche vallée où elle se trouve, où Montezuma et ses nobles tenaient une cour luxueuse, où Cortés faisait sa résidence d'hiver, et où Maximilien érigea une belle villa pour son impératrice Carlotta ; et qui est aujourd'hui la station préférée du Mexique à la mode. Mes passages m'auraient amené cent cinquante milles plus loin le long de la rivière Balsas - deux cents milles au-dessus de l'endroit où je l'ai vu à Churumuco - mais le temps limité m'a empêché d'aller aussi loin, et je me suis contenté du moindre voyage.

SUSPECT DE MON APPAREIL PHOTO

J'ai pris le train ce matin pour Cuernavaca, à la grande gare du chemin de fer central mexicain. J'étais assis dans une voiture-salon, aussi neuve et confortable que si je venais de quitter Chicago ou New York. Un grand nombre de dames de la colonie américaine sont descendues avec moi ; avec eux se trouvaient plusieurs messieurs qui semblaient appartenir au corps diplomatique, et parmi eux se trouvait le consul de Suède, avec qui j'ai conversé en allemand et en français.

Le chemin de fer quitte la ville du côté est, tourne vers le nord et fait le tour de la banlieue nord, jusqu'à ce qu'il commence à monter vers le sud-ouest.

À mesure que nous montons, quatre pour cent. grade – la fertile et belle vallée d'Anahuac, dans laquelle se trouve Mexico, s'étend devant moi. La grande ville blanche, ses toits de tuiles rouges et noires, ses nombreuses églises aux coupoles et aux tours ; les nombreuses petites villes et villages dispersés dans la vallée en forme de cuvette ; les surfaces chatoyantes des lacs Tezcoco, Xochimilco et Chalco et des étangs avoisinants ; les plantations de maguey sombre ; les vergers d'agrumes ; les innombrables jardins, dont certains flottants, d'où sont récoltés les légumes frais exposés quotidiennement sur les différents marchés de la ville ; les bosquets vert foncé des splendides cyprès de l'Alameda et de Chapultepec, ainsi que le palais lui-même, perché sur sa base rocheuse ; les chaînes encerclées de hautes montagnes et, à l'extrême sud, les puissants volcans du Popocatepetl et de l'Iztaccihuatl, couronnés de neige et scintillant d'un éclat éblouissant à la lumière du soleil du matin, tout cela formait un tableau aussi grandiose et imposant que n'importe quel paysage que j'ai vu ou que je pourrai jamais voir, et aussi étonnant dans ses contrastes d'ombre et de lumière, de vallée semi-tropicale verte et de hauteurs glacées.

Pendant plusieurs heures, nous avons rampé lentement vers le haut, les vues et les panoramas étant toujours changeants. Partout il y avait des plantations de maguey, et partout, dans les gares, des Indiennes vendaient du *pulque frais* aux voyageurs assoiffés du train. Puis, peu à peu, à mesure que nous nous élevions au-dessus des airs plus chauds, nous arrivâmes à l'altitude des chênes, de vastes forêts de chênes bien cultivés, et puis encore plus haut nous arrivâmes à de splendides forêts de pins. Les montagnes perdaient maintenant la surface lisse qui marquait les pentes inférieures. Nous sommes entrés dans de vastes étendues de cendres volcaniques, de tuf, de lits de lave, tous rugueux et pointus, avec de profondes fentes caverneuses entre elles, apparemment situées exactement au moment où elles tombaient, coulaient et durcissaient il y a d'innombrables siècles.

En atteignant le sommet, atteignant une altitude de plus de dix mille pieds au-dessus du niveau de la mer, nous traversâmes pendant plusieurs kilomètres un plateau herbeux, où se trouvaient des troupeaux de bovins à longues cornes et des troupeaux de moutons à laine fine avec leurs gardiens. . Parallèlement à notre piste s'étendait l'ancienne autoroute royale, construite il y a longtemps par Montezuma et entretenue par Cortez grâce au travail de ses esclaves aztèques conquis, et toujours appelée « El Camino Real del Rey ». Au sommet même de la hauteur du terrain se trouvaient les ruines d'un ancien relais routier et d'une forteresse. Ici Cortez a placé ses soldats, et ici des garnisons de troupes sont restées depuis lors pour garder le public, pour protéger les courriers royaux, pour préserver la dignité de la République, et même aujourd'hui pour empêcher les trains de chemin de fer d'être retardés par les transports modernes. des bandits aussi audacieux et impitoyables que leurs prédécesseurs des siècles passés. C'est la tradition concernant ces hauteurs qu'elles ont toujours été le rendez-vous de tribus et de bandes, dont le privilège et l'occupation immémoriaux ont été de tuer et de voler. Les histoires racontées aujourd'hui sur les meurtres et les pillages qui étaient autrefois presque quotidiens et qui se produisent parfois encore le long de cette célèbre route sont horribles. Même maintenant, je remarque le camp de soldats dans des quartiers permanents à l'ombre de la tour en ruine. Diaz, à la main de fer, ne prend aucun risque avec les habitants turbulents de ces solitudes montagnardes ! Tout au long du chemin, nous sommes parmi les anciens lits de lave, tandis que toujours dans le ciel azur profond, au loin vers la gauche, scintillent les sommets enneigés de l'Iztaccihuatl (*Ista-se-wahtl*) et du Popocatepetl. Ils semblaient proches de nous, et pourtant nous ne nous en approchâmes jamais davantage, bien que nous ayons fumé vers eux pendant près d'une demi-journée.

La descente fut rapide (nous descendîmes près de cinq mille pieds en une heure et demie) dans une très belle vallée verdoyante, deux mille pieds plus basse que le lac Tezcoco. Ici poussaient de grandes récoltes de canne à sucre, de bananes, de café, d'oranges, de citrons verts et de grenades, une verdure abondante. La vallée, large de dix à vingt milles, s'étendait en larges courbes à l'est et à l'ouest, tandis qu'à travers elle coulaient les eaux supérieures de la rivière Balsas. Ici, la rivière prend sa source des fontaines des champs de neige fondants sur les flancs lointains du volcan. La vallée est l'une des plus fertiles et des plus salubres de tout le Mexique. Cortez s'en empara presque aussitôt qu'il eut arraché *Tenochtitlan* des mains de Montezuma. Ce qu'il n'a pas pris pour lui, il l'a partagé en cadeaux généreux entre les grands capitaines de sa suite, leur accordant d'immenses *haciendas* , des fermes à cinquante milles de diamètre, embrassant des terres d'une fertilité illimitée, souriant alors même sous les soins d'habiles cultivateurs du pays. sol. Les meilleurs de ces domaines monstrueux appartiennent toujours à des familles descendantes des *Conquestadores* . À l'origine, les terres étaient toutes soumises à la loi d'implication, et les lois sont toujours en vigueur. Ici se trouvent des ruines préhistoriques célèbres, parmi lesquelles celles de l'ancienne pyramide et du temple de Xochicalco et de nombreux hiéroglyphes datant d'une antiquité plus lointaine que la mémoire même du peuple aztèque. Ici se trouvent également les grottes de Cacahuamilpa, non moins célèbres. Les grandes ruines, situées à une journée de marche de la ville, je n'ai pas eu l'occasion de les voir.

MA COCHA—CUERNAVACA

Mes aperçus de la ville de Cuernavaca n'étaient que des éclairs de lampe de poche. La gare, où nous sommes finalement arrivés, après une longue descente par une longue série de zigzags et de larges courbes, se trouve à un bon kilomètre de la ville. Ici, un assemblage hétéroclite était rassemblé pour saluer notre arrivée, une gamme de *cochas*, *de voitures* et *de cabriolets*, tirés par des mulets et des chevaux poussiéreux et sans courbure. En me souvenant de mon expérience, lors de mon arrivée à Mexico, je me suis précipité vers un véhicule ancien, tiré par une paire de mules, et j'ai négocié avec le jeune *cochero* pour qu'il me conduise vers et autour de la ville de Cuernavaca et me ramène à la gare. . Après quelques marchandages, il a accepté de le faire, le tout pour un *peso* (dollar mexicain en argent). Je suis monté dans l'équipage poussiéreux. Le *cochero* injuriait ses mules dans un espagnol sonore et, faisant claquer son fouet à longs fouets, les faisait courir à fond le large *camino*, au milieu d'un nuage de poussière blanche. Nous sommes ainsi entrés dans la ville et avons parcouru ainsi des rues étroites et larges, jusqu'à ce que nous en ayons traversé, contourné et traversé la majeure partie. Il ne cessait de jurer, il faisait claquer continuellement son fouet, et les mules ne ralentissaient jamais leur galop sauvage pendant toute l'heure heureuse où il était à mon service. Il n'y a pas de trottoirs dans ces villes espagnoles. Hommes et femmes se sont enfuis de notre avance, les enfants se sont enfuis par les portes ouvertes, et les chiens, les poules et les porcs maigres se sont dispersés devant nous comme la balle au vent. Nous sommes passés devant l'ancien palais de Cortez, qui fut ensuite celui de Carlotta, la malheureuse compagne de Maximilien, et qui est maintenant utilisé comme Capitole de l'État. Nous avons fait le tour de la jolie *place* avec ses fleurs, ses palmiers, ses jardins tropicaux et ses fontaines éclaboussantes. Nous avons vu la monstrueuse cathédrale, toute délabrée. Nous nous arrêtâmes un moment devant le sanctuaire de la Vierge de Guadeloupe, le kodakâmes et filâmes devant la vieille église des Franciscains.

Mon *cochero* semblait gagner en enthousiasme à chaque rebond de la *cocha* . Il criait continuellement dans un indien-espagnol volubile et tout à fait incompréhensible. Plus la rue était étroite et mal pavée, plus il fouettait violemment les mules comme un possédé. Deux jolies *señoritas* , sur leur balcon, m'ont souri lorsque nous sommes passés, et je les ai kodées en signe de reconnaissance courtoise de leur bonne volonté ; nous voyions où se prenaient depuis des siècles les célèbres bains de Cuernavaca, et je m'étais montré les magnifiques et vastes jardins de Borda, où fleurs et fruits, fontaines et cascades, bassins de marbre et lacs miniatures expriment avec une totale émeute l'esprit prodigue et exubérant. les fantaisies d'un ancien millionnaire à moitié fou; et continuant à avancer, sans nous arrêter, nous revinmes finalement au milieu de nuages de poussière encore plus grands jusqu'à la gare, juste à temps pour prendre le train. Une autre foule hétéroclite était rassemblée là. La moitié de la ville semblait s'être réveillée pour voir l'autre moitié partir. Le long de la plate-forme se trouvaient de nombreux Indiens vendant des fruits et préparant ces curieux sandwichs au poivre, qui ravissent tant les palais aguerris des Mexicains. À ce moment-là, la muqueuse de ma propre bouche étant devenue quelque peu habituée à ces aliments féroces, j'ai laissé une vieille vieille femme indienne me préparer une combinaison particulière de pain et d'huile, de poivre et de concombres et de viande hachée et très assaisonnée, n'osant que manger . cependant, lorsque j'étais de nouveau remonté dans ma voiture, afin de pouvoir me trouver à proximité d'abondantes réserves d'eau. Le Mexicain se délecte de ce genre de nourriture brûlante, et pour lui, elle ne peut jamais être trop épicée et trop piquante. Sur le quai de la gare se trouvaient également de nombreuses dames mexicaines de qualité, venues dire au revoir à leurs maris et à leurs frères qui rentraient dans la capitale. Aucun d'eux ne portait de chapeau, mais les gracieuses *mantilles* étaient universellement utilisées et, en général, les robes étaient noires.

SANCTUAIRE DE LA VIERGE DE GUADELOUPE—
CUERNAVACA

Cuernavaca, avec ses bains et ses eaux minérales, est la préférée de toutes les stations balnéaires, facilement accessible aux Mexicains branchés. Ici aussi réside presque continuellement une grande colonie de dames européennes dont les maris font des affaires à Mexico, dont la haute altitude, l'air raréfié et la température froide sont rarement en accord avec la santé des femmes qui y viennent des niveaux inférieurs de la mer. Les hommes peuvent le supporter dès le début, si leur cœur et leurs poumons sont sains, mais les femmes sont souvent envoyées à Cuernavaca, pour y séjourner jusqu'à ce qu'elles s'acclimatent aux conditions de ces hauts plateaux. Le climat rigoureux de Mexico est particulièrement cruel pour tous les convalescents ; c'est pourquoi les invalides viennent aussi ici pour reprendre des forces. Ainsi, il y a beaucoup de voyages en chemin de fer entre la capitale de la république et sa station balnéaire la plus salubre et la plus proche.

C'était l'après-midi lorsque nous quittions Cuernavaca pour la longue montée vers les hauteurs des terres. À mesure que nous montions, les ombres du soir s'allongeaient et sortaient de chaque fente et creux des flancs de la montagne ; et vers l'est, divisant le ciel bleu, se dressait Popocatepetl. L'impression la plus profonde de mon séjour au Mexique, un souvenir qui me suivra tout au long de ma vie, est celle du cône enneigé puissant, scintillant, lointain et pourtant toujours présent du Popocatepetl.

LES JARDINS DE BORDA—CUERNAVACA

Alors que nous traversions les hauteurs de la terre et commencions notre descente, les longues ombres du soir remplissaient la grande vallée de l'Anahuac, tandis que de chaque vallée et de chaque creux s'échappaient de petits groupes de brume semblable à un nuage, jusqu'à ce qu'enfin, avec un effet étrange et bizarre, les vapeurs assemblées fermant à ma vision toute l'étendue de la vallée en dessous, et me donnant l'impression que nous plongions dans les profondeurs insondables d'une mer blanche. La terre, les lacs, les villes, les villages et la cité étaient cachés sous les nuages impénétrables et pelucheux.

Il faisait nuit lorsque nous sommes entrés dans la ville. J'ai pris une *cocha* et je me retrouve de nouveau dans ma chambre aux murs de pierre de l'hôtel. Je suis entré dans la ville par le nord, je la quitte maintenant par l'est, le long de la route qu'ont parcourue les envahisseurs conquérants de l'ancienne Espagne, quand, il y a quatre cents ans, ils surgirent des eaux calmes de la mer, une apparition effrayante, apportant la mort dans leurs poings maillés, la peste et l'esclavage cruel à une race fière et dirigeante.

XVIII
Le voyage nocturne depuis Mexico - à travers les montagnes jusqu'à la côte de la mer - l'ancienne ville de Vera Cruz

Vera Cruz, Mexique,

19 décembre.

Hier soir, c'était ma dernière soirée au Mexique, et comme une troupe d'acteurs espagnols était présente dans l'un des plus grands théâtres, je suis allé voir la pièce. Il existe un certain nombre de salles de théâtre dans la ville, et le gouvernement paternel est en train de jeter les bases d'un opéra qui, annonce-t-on, sera l'un des plus « *magnifiques* » du monde. Le théâtre auquel nous allions était l'un des plus grands et les acteurs, espagnols de Barcelone, remplissaient l'engagement d'une saison. Lors de l'achat de billets, la première nouveauté réside dans les coupons séparés qui sont émis pour chaque acte. Vous achetez pour un acte ou un autre selon vos préférences. Les Mexicains restent rarement sur le terrain, mais s'attardent pendant un acte ou deux, puis s'en vont. Il y avait des rangées de loges sur les côtés, dans lesquelles se trouvaient de nombreux hommes et dames en tenue de soirée, les belles et les beaux de la ville. Nous étions assis parmi les occupants des sièges par terre, dont la plupart étaient des hommes. La première différence notable entre le public d'ici et celui de chez nous, c'est que chacun garde son chapeau, sauf lorsqu'il occupe une loge. C'est déjà assez pénible, à notre avis, pour une femme de conserver son chapeau ou son bonnet, mais imaginez ce que cela peut être lorsque vous êtes confrontée à une multitude *de sombreros* à larges bords et à pointe haute, du type le plus envahissant. L'excuse pour le port de ces grands chapeaux en toutes occasions est que dans l'air froid de ces hautes altitudes, cela devient une protection nécessaire.

INDIENS AZTÈQUES – MEXICO

Les visages autour de moi étaient sombres ; même les hommes dans les loges étaient de couleur plus foncée que ne le seraient ceux de pur sang espagnol. Les femmes sont également brunes, leur couleur beaucoup plus foncée que celle des mulâtres habituels des États-Unis. Cela est dû à l'importante infusion de sang indien parmi le peuple mexicain, même parmi les classes oisives.

Les acteurs étaient du type espagnol, basané, mais parmi les actrices, il y en avait, comme toujours, deux ou trois avec des têtes très visiblement rouges, ce rouge vénitien si prononcé et si populaire parmi les vendeuses de Londres. Ces belles aux cheveux rouges ont reçu toute l'attention et les applaudissements de la partie masculine du public. Le public fumait aussi sans cesse, les messieurs de gros cigares mexicains, les dames leurs cigarettes. Le droit de fumer est un privilège inaliénable des deux sexes au Mexique, les femmes consommant du tabac presque aussi librement et constamment que les hommes. Le jeu des acteurs était bon et certaines danses fandango ont suscité des tonnerres de *bravos* . Les pauses entre les actes étaient longues. À un moment donné, nous nous promenions dans les rues, où une foule de courtiers en billets nous assaillait tellement et négociait avec tant de succès nos coupons restants, que nous les vendions avec une avance sur le montant que nous avions payé . Les pièces commencent tôt, vers sept heures, et les portes restent ouvertes jusqu'à minuit, les publics toujours changeants apportant un nouveau soutien aux acteurs.

La veille, nous avons visité un autre théâtre, où une troupe plus à la mode s'est réunie pour voir le célèbre Français Frijoli, dans ses habiles imitations de personnages. Ici étaient rassemblés les plus élégants du Mexique, parmi lesquels un groupe d'éminents Sud-Américains assistant au Congrès panaméricain, des dames du Brésil, d'Argentine et du Chili portant des diamants coûteux et portant une tenue entièrement décolletée.

Ici aussi, le *sombrero* régnait en maître dans les cercles vestimentaires et sur le parquet, et partout il était permis de fumer.

Hier devait être mon dernier jour au Mexique. Je suis parti le matin pour me procurer une bonne opale et tenter ma chance en achetant *des mantilles* . De la jeune femme du magasin où j'avais fait préparer mes films Kodak, j'ai appris l'emplacement d'un établissement où l' on vendait *des mantilles* . Elle ne pouvait pas me parler dans ma propre langue. Je ne savais pas quoi faire, puis une idée m'est venue. J'ai sorti un crayon et du papier. Je les lui ai remis. J'ai indiqué par signes que j'allais lui faire faire une photo. Rapide comme un éclair, elle a interprété ma pensée. Elle a ri et m'a dessiné un petit plan parfait, montrant le magasin dans lequel je me trouvais, la rue sur laquelle il débouchait, les rues et les pâtés de maisons que je devrais suivre jusqu'à ce que j'arrive à l'endroit où se trouvaient les mantilles, et elle a marqué mon dernier *coin* . avec un « X ». Je m'inclinai profondément devant elle, répétant à plusieurs reprises : « *Muchas gracias, mil gracias, señorita* », et, un papier à la main, je me mis en quête. Je n'ai eu aucune difficulté à trouver mon chemin. Je me suis finalement arrêté devant un grand magasin français de produits secs. Ici, tous les commerces de mercerie sont français ou espagnols, tout comme les quincailleries et les pharmacies sont toutes allemandes ; le Mexicain n'est pas passionné par le commerce et il possède peu de maisons de commerce.

C'était une préoccupation majeure et de nombreux clients entraient et sortaient. Un certain nombre d'employés, tous des hommes (je n'ai vu aucune femme d'employés nulle part) se tenaient derrière de longues tables, tandis que le public se déplaçait entre elles. J'ai répété le mot *mantille* et on m'a montré où se trouvaient de nombreuses étagères remplies de boîtes plates en carton. Plusieurs d'entre elles ont été démontées et les belles pièces de dentelle m'ont été montrées. Alors que je me tenais là, ne sachant pas quoi choisir, un homme petit et corpulent au visage agréable accompagné d'une femme aux cheveux noirs s'est approché de moi. Alors qu'ils s'approchaient de la table, elle se tourna vers lui et lui dit en bons États-Unis : « Oh, voici les *mantilles* que nous cherchons. » Son apparence m'attira, alors, me tournant vers elle et soulevant mon chapeau, je m'inclinai et implorai son aide. Lui et moi avons ensuite échangé nos cartes. Il a été docteur S., de Washington, médecin pendant de nombreuses années de Mme T., dont j'ai assisté au mariage il y a deux ans, faisant des études géologiques au Mexique et me rendant bientôt en Amérique centrale. Nous étions à la fois amis. Il collectait des informations pour la Smithsonian Institution. La dame était sa femme. Elle m'a aidé à choisir deux jolies *mantilles* en soie noire. Plus tard, ils m'ont accompagné dans ma recherche d'opales, et m'ont aidé à choisir plusieurs pierres fines. Ensuite, à leur hôtel, le Jardin, ils m'ont montré leur collection de photographies, ainsi que de nombreux souvenirs et bibelots qu'ils collectionnaient. L'après-midi, nous avons dîné ensemble dans mon restaurant créole. Finalement, nous nous séparâmes avec un regret mutuel.

Le train qui m'emmenait de la ville a quitté la gare du chemin de fer mexicain (« The Queen's Own »), vers neuf heures du soir. C'est un chemin de fer à écartement standard. J'avais une couchette inférieure confortable dans le Pullman. La voiture était bondée. Plusieurs jeunes officiers dans leurs uniformes les plus élégants disaient *adieu à un certain nombre de señoritas* aux yeux noirs et à leurs mamans. Au moment de se séparer, les jeunes hommes enroulaient de larges écharpes autour de leur bouche, cachant presque leur visage jusqu'aux yeux, pratique courante contre la pneumonie. L'air nocturne était froid. Je portais mon pardessus et frissonnais là où je me tenais sur la plate-forme arrière de la voiture, regardant sur de nombreux kilomètres les lumières déclinantes de la ville. Nous traversâmes la vallée vers l'est, puis commençâmes à gravir les pentes inférieures de la chaîne de montagnes que nous devions traverser avant de pouvoir enfin descendre à Vera Cruz.

VOLCAN D'ORIZABA

Lorsque je me réveillai le matin, nous étions encore à trois heures du Golfe. Nous avions traversé les montagnes pendant la nuit ; nous avions monté trois mille pieds et descendu onze mille pieds, à travers un paysage sauvage et magnifique ; un voyage à ne jamais faire de nuit, à moins que la nécessité ne l'exige. Nous étions en retard de plus de deux heures, ayant été retenus à Orizaba, pendant que nous dormions. C'était une chance pour moi, car cela me donnait le jour pour observer les basses terres que traverse la route des montagnes à la mer.

Derrière nous, haut, haut dans le ciel bleu sans nuages, brillait le sommet enneigé du plus grand volcan du Mexique, l'Orizaba, haut et puissant, maintenant connu pour être plus haut que le Popocatepetl et qui lui ressemble beaucoup par le contour de son cône ; un spectacle des plus imposants car il brillait à la lumière du soleil levant. Partout où nous nous tournions, partout où nous allions, le puissant Orizaba nous suivait. Nous ne l'avons jamais perdu de vue, nous n'avons pas pu échapper à sa prodigieuse masse. J'ai la chance d'avoir vu quatre des principaux volcans enneigés du Mexique et d'avoir de belles photographies de tous : Popocatepetl, Ixtaccihautl, Nevada de Toluca et Orizaba.

Les basses terres que nous traversons sont entièrement tropicales ; nous étions parmi de vastes plantations de bananes, de palmiers de toutes sortes, de vergers de café et de jungles impénétrables. Le soleil était aussi chaud que sur les *llanos* le long de la rivière Balsas dans le Michoacán.

Il était neuf heures et demie lorsque le train entra en gare de Vera Cruz. Un gros nègre, noir comme la nuit, vêtu d'un canard blanc immaculé, m'a collé un collier à l'instant même où mes pieds touchaient terre. Il parlait dans un anglais doux et fluide, avec un accent britannique marqué. Il s'est présenté comme « M. Sam. » "Je suis un sujet britannique de la Jamaïque", a-t-il déclaré, "et représentant de l'Hôtel Metropolitán". Il m'a proposé de me conduire dans cette institution. Il m'a assuré que c'était « le plus bel établissement de la côte ». Comme c'était ma destination prédéterminée, je lui ai permis de m'y précéder, portant mes sacs. Le soleil était féroce, l'atmosphère terne et lourde. Nous avons marché dans des rues sales, des rues jamais nettoyées au cours des quatre siècles de la vie de Vera Cruz. Les caniveaux mal pavés et puants étaient remplis de bave. Les rues étaient bordées de maisons basses en stuc. Nous sommes entrés sur une place mal entretenue où poussaient des bananiers et des cocotiers, un bâtiment gouvernemental bas avec une tour gracieuse délimitant son côté est. Nous arrivâmes ici à l'hôtel, un vieil édifice en pierre de deux étages, avec une loggia s'étendant sur le trottoir et un rideau suspendu entre les piliers et la rue pour protéger du soleil brûlant le trottoir qui passait en dessous. "M. Sam »m'a expliqué ce que je devais faire. Je dois d'abord le suivre chez le médecin américain et, en présence du consul américain, me procurer un certificat de santé. Ensuite, il m'emmenait au « Bureau de fumigation » du gouvernement mexicain pour faire examiner mes bagages et les certifier exempts de fièvre jaune et de maladies contagieuses. Ensuite, il m'emmenait au bureau de la Ward Line Steamship Company pour faire examiner et certifier mon billet, que j'avais acheté la veille au bureau de la compagnie à Mexico, puis il faisait en sorte que « The Express Company ", moyennant un prix élevé, je devrais transporter mes bagages directs de la gare du chemin de fer au bateau à vapeur *Monterey* , ancré en plein golfe, bien que la veille ils aient tous été enregistrés de Mexico à La Havane. Plus tard, il me conduisait lui-même jusqu'au navire et me mettait dans ma cabine, sans aucune bureaucratie supplémentaire. "M. Sam » s'est avéré vrai, m'extorquant cependant divers *centavos* en cours de route. Il n'avait à aucun moment l'intention que je m'échappe. Néanmoins, je me libérai de sa surintendance pendant une petite heure et me promenai seul dans la vieille ville. C'est une ville de saleté, de puanteur et de misère – juste le foyer d'une reproduction perpétuelle de la peste. Il n'est pas étonnant que le fléau de la fièvre jaune sévit sans pitié depuis des siècles. Mais le gouvernement mexicain, stimulé par l'exemple de la propreté scientifique de Cuba, est en train de construire un système d'égouts moderne et a employé des ingénieurs anglais pour construire de vastes installations portuaires et est en train de transformer Vera Cruz en une ville propre et moderne. Il y a donc de l'espoir tant pour la santé que pour le commerce de Vera Cruz.

LE PALAIS MUNICIPAL—VERA CRUZ

J'ai visité la célèbre palmeraie de cocotiers du parc Alameda et, m'asseyant sur l'un des bancs de pierre, j'ai observé les troupeaux de vautours apprivoisés qui abondent à Vera Cruz et qui sont les charognards réguliers des rues de la ville. Protégés comme ils le sont par un arrêté municipal, ils courent comme des troupeaux de poules. Ils ne s'écartent guère devant le passant. Il n'y a pas beaucoup d'intérêt à Vera Cruz, bien que la ville contienne plusieurs églises anciennes, des tours espagnoles et une forteresse médiévale, construite au début de la Conquête.

LES VAUTOURS APPRIVOYÉS DE VERA CRUZ

Après le déjeuner à l'hôtel, où j'ai été malheureusement surfacturé, « M. Sam » m'a conduit à la rame sur un quart de mile jusqu'au bateau à vapeur *Monterey* . Mes bagages ont été transportés par la « compagnie express » dans un briquet avec ceux d'autres compagnons de voyage de mon train, et bien que nous soyons passés par des passagers de Mexico à Cuba et à New York, des frais supplémentaires ont été facturés pour ce service nécessaire. , une extorsion évidente.

J'étais arrivé à mon navire vers trois heures et demie de l'après-midi ; nous devions partir à quatre heures ; nous n'avons navigué que longtemps après l'heure convenue, tant le processus d'« allègement » de la cargaison est lent. Les plus gros navires peuvent stationner sur les nouveaux quais, mais soit pour économiser les frais portuaires, soit, comme ils le prétendent, « pour éviter la possibilité d'une fièvre jaune », ces bateaux jettent l'ancre loin dans le port et obligent tous les passagers et marchandises à être transportés. à bord.

Notre cargaison hétéroclite comprenait des moutons et du bétail pour La Havane ; une ménagerie, des lions, des tigres, des singes et un éléphant soigneusement hissé et debout dans une caisse spécialement construite dans la cale avant, mal à l'aise et balançant son corps avec une grande terreur ; et aussi de nombreuses et diverses caisses et ballots de marchandises.

Nous transportons une importante compagnie de passagers en cabine pour Progresso, le principal port de Mérida, au Yucatan. Parmi eux, j'ai remarqué un groupe de messieurs qui, dans le train, semblaient beaucoup souffrir du froid. J'ai appris que ce sont de riches planteurs de Mérida. L'un d'eux est sénateur au Congrès national mexicain. C'est un homme grand et trapu, aux pommettes saillantes, aux yeux bleus, aux cheveux châtain clair, un homme blanc très brûlé et bruni par les soleils tropicaux. Je pensais qu'il pourrait être allemand ou scandinave. Imaginez mon étonnement lorsqu'on m'annonce qu'il s'agit d'un « Indien du Yucataka » pur sang ! Il fait partie de cette étrange tribu de gens aux yeux bleus et aux cheveux clairs, que les Espagnols n'ont jamais conquis et que le gouvernement mexicain n'a jamais encore réussi à soumettre et qui, ces dernières années, n'ont été conquis que grâce à la diplomatie subtile de Diaz. L'origine de cette tribu est l'une des énigmes non résolues de l'histoire. Il est possible qu'un équipage viking, dérivé loin de ses eaux septentrionales, ait été les ancêtres de cette race aux yeux bleus et invincible.

Nous levons l'ancre. La pale de l'hélice commence à tourner. Sur notre bâbord s'élèvent les murs blancs de San Juan de Ulloa, la célèbre forteresse et aujourd'hui prison d'État du Mexique, — une île à elle seule —, à l'intérieur des cellules et des cachots dont la fièvre jaune enlève perpétuellement les misérables emprisonnés et envoyés là pour mourir.

UN PALMIER NOBLE

À tribord est ancré la marine mexicaine, un remorqueur de petite taille. Notre voyage à Cuba commence.

XIX
Voyage à travers le golfe du Mexique et le détroit du Yucatan de Vera Cruz à Progresso et La Havane

NAVIRE À VAPEUR MONTEREY, EN MER,

21-24 décembre.

Il était tard dans la journée lorsque nous quittions Vera Cruz. Le littoral s'est évanoui ; le bosquet de cocotiers de l'Alameda, avec leurs cimes plumeuses ondulant dans la brise du soir, furent les dernières choses vertes que je vis. Alors que le soleil se couchait soudainement derrière le grand volcan, l'horizon ouest se remplit de couleurs dorées, écarlates et violettes, et le sommet d'Orizaba fut inondé d'une splendeur rosée. Les étoiles éclatèrent, la lune sortit des eaux sombres. Nous étions sur le golfe du Mexique, et les cieux tropicaux brillaient et brûlaient avec un éclat inconnu aux latitudes du Moyen Nord. Les eaux, agitées dans notre sillage, brillaient et brillaient de la phosphorescence caractéristique des mers tropicales. Le vent s'est rafraîchi et, au milieu de la nuit, les plus avertis ont laissé entendre qu'il fallait s'attendre à plus que l'agitation habituelle de la mer avant l'aube. En fait, un télégramme avait été reçu, envoyé de Galveston, nous avertissant qu'un « Norther » était en route.

UNE RUE DE VERA CRUZ

Je suis resté debout jusqu'à tard, profitant du vent montant et buvant l'air délicieux.

Après un si long séjour sur des terres élevées, sèches et desséchées, c'était un plaisir de se retrouver sur la mer. Les eaux agitées secouaient notre robuste bateau comme s'il s'agissait d'un bouchon de liège. J'ai bien dormi, malgré le roulis du navire et le martèlement des vagues déferlantes contre la coque de ma cabine, et j'ai été parmi les premiers à répondre aux cloches de six heures appelant les affamés à leur *desayuno* . Ces navires suivent les coutumes de la plupart de leurs passagers et servent des repas à la mode espagnole - *desayuno* de six à sept - du café et des petits pains à qui veut en prendre - et, vers dix heures, l' *almuerzo* , le petit-déjeuner régulier, un repas copieux ; puis la *comida* , en milieu d'après-midi ; tandis que plus tard, entre sept et huit heures , on sert *du cena , un repas léger, un croisement entre le thé anglais et le souper.*

Toute la journée, le vent soufflait régulièrement du nord-ouest, et les voyageurs mexicains passaient la plupart de leur temps pliés au-dessus des rails comme des épingles à cheveux pliées. Dans l'après-midi, le vent s'est intensifié. De grands bancs de nuages, noirs et menaçants, roulèrent sur nous et, vers la fin du jour, des torrents de pluie tombèrent. À cette époque, peu de passagers restaient sur les ponts, et le groupe qui accompagnait le capitaine au repas du soir pouvait être compté sur la main. À mesure que la nuit approchait, les vents devenaient plus forts et la terreur s'emparait des terriens inexpérimentés du Yucatan. Mais je n'ai ressenti aucun symptôme de mal de mer, et la splendide force marine de ce navire m'a donné un sentiment de sécurité et de repos. Je me calai dans ma couchette pour ne pas être éjecté et, bercé par le rugissement de la tempête et le roulis et la plongée du navire, je m'endormis paisiblement. Quand je me réveillai enfin, le soleil était déjà levé depuis longtemps et les nuages dérivaient pour la plupart vers le sud. Nous étions ancrés à deux reprises dans la rade ouverte au large de Progresso, à quatre milles du rivage. Au sud de nous, tout le long de la côte, nous apercevions les crêtes des vagues gigantesques battre sur la marge sablonneuse du Yucatan. Aucun bateau moins robuste que le nôtre n'oserait affronter une telle tempête ; aucun navire ne peut s'aventurer vers nous depuis le rivage jusqu'à ce que les eaux se soient calmées. Il n'y a pas de ports sur toute la côte de la péninsule du Yucatan. Les seuls ports sont Campeche et Progresso, et les navires doivent se trouver à trois ou quatre milles en pleine mer et les passagers et les marchandises doivent être embarqués et descendus sur des allèges, au grand désavantage du commerce. Au-dessus des lignes blanches des brisants écumants, nous pouvons voir les cimes ondulantes des cocotiers et des palmiers royaux, et entre eux les bâtiments blancs de Progresso. Derrière Progresso, à une trentaine de kilomètres, se trouve la ville de Mérida, mais à quelques pieds au-dessus du niveau de la mer, le centre commercial du commerce mondial du heniquen ou de l'herbe de sisal. Un énorme commerce d'exportation de cette herbe a vu le jour depuis le début de la guerre aux Philippines, lorsque le commerce du chanvre à Manille s'est effondré. Les conditions naturelles favorisent ici la croissance de la fibre, celle-ci augmentant avec peu de culture et de grandes récoltes. Des millions de dollars ont été accumulés ces dernières années par les heureux planteurs de Mérida, et aucune ville du Mexique n'a progressé aussi soudainement en richesse.

LES PETITS GARÇONS QUITTENT NOTRE NAVIRE

Dans l'après-midi, nous avons vu nos premiers bateaux à terre, et on nous promet que demain, même si nous sommes dimanche, la cargaison sera débarquée. Deux petits bateaux se sont aventurés dehors, et dans l'un d'eux ont été jetés les courriers qu'un train en attente apportera rapidement à Mérida, mais jusqu'au matin aucun passager ne sera autorisé à descendre à terre, et aucun fret ne sera débarqué.

Aujourd'hui, nous avons vu nos premiers oiseaux marins et très peu de poissons volants, tandis que, depuis le petit matin, circule autour du navire un cortège continu de requins, leurs nageoires dorsales acérées dépassant constamment les eaux. Certains passagers les ont pêchés, mais aucun n'a encore été attrapé et, m'a-t-on dit, ils sont très timides. Alors qu'ils accompagneront un navire jusqu'à La Havane, ils se méfient tellement de la ligne du pêcheur qu'ils sont rarement capturés.

Ce matin, je regardais le pont juste au-dessous de moi, observant un groupe de trente ou quarante petits garçons âgés de dix à douze et quatorze ans, parmi eux une petite fille, apparemment sœur de l'un des plus jeunes garçons. Ils étaient pour la plupart assis par groupes de quatre ou cinq, lançant *des centavos* et criant de joie. Ils jouaient les quelques pièces en leur possession. Deux marins s'approchèrent, saisirent deux des petits garçons et les placèrent l'un en face de l'autre. Les prisonniers semblaient comprendre l'intention de leurs ravisseurs et se mirent immédiatement à se battre désespérément, jusqu'à ce que l'un assomme l'autre, tout comme deux coqs de gibier se battent lorsqu'ils sont placés en opposition. Dès que l'un d'eux fut vaincu, son marin patron le poussa de côté, comme si c'était désormais tout à fait inutile, et, attrapant un autre garçon, le plaça devant le vainqueur. Puis ils y revinrent, et beaucoup d'enfants arrêtèrent leur jeu pour regarder. Les Mexicains autour de moi pariaient sur les combats et appréciaient apparemment ce passe-temps. J'ai demandé qui étaient ces enfants et j'ai appris qu'il s'agissait d'une compagnie dont la plupart avaient été volés dans les rues de Mexico et des villes voisines. On m'a répondu que certains avaient été achetés dans les asiles d'orphelins de l'État, à dix dollars par tête, sur le marché. paiement du prix sans qu'aucune question ne soit posée quant à leur destination. Ils sont réduits en esclavage pratique pour être rapidement travaillés à mort par les planteurs heniquen du Yucatan. Ils sont livrés aux plantations et y périssent rapidement à cause de la mauvaise nourriture, des mauvais traitements, de la fièvre jaune et des piqûres d'insectes qui s'enfouissent dans leurs jambes et leurs bras non protégés. On dit qu'ils meurent comme des mouches, l'effort de l'acheteur étant d'en tirer son argent en travail avant qu'ils ne meurent. Les enfants ne savent rien de leur sort, jusqu'à ce qu'ils soient livrés à la mort. Les petits gars avant moi étaient très joyeux pendant tout le voyage ; chacun avait reçu quelques pièces d'argent, les premières que beaucoup d'entre eux avaient vues de leur vie, et la joie de les posséder les mettait à jouer joyeusement toute la journée. Ce trafic d'enfants serait établi de longue date et ferait l'objet d'un clin d'œil de la part des autorités mexicaines. Plus tard, nous les avons vu descendre le flanc du navire et monter dans les allèges, criant de joie à l'idée de se rendre dans « les belles nouvelles demeures du pays », où leurs ravisseurs prétendaient que ce serait la fin de leur voyage.

PARTI POUR LE PROGRESSO

Il était tard lundi soir lorsque nous avons appareillé de Progresso. Toute la journée, nous déchargeions des marchandises dans les allèges qui pullulaient autour de nous, tandis qu'après le départ des passagers et des marchandises, de plus gros navires apportaient des balles de heniquen, qui étaient rapidement arrimées en dessous.

Parmi les passagers qui ont quitté le navire se trouvaient plusieurs Américains. L'un d'entre eux, un grand homme roux et trapu, au visage aimable et aux manières amicales, originaire du Mississippi, était un exploitant forestier qui achetait de l'acajou dans les forêts du Yucatan. Il m'a dit que les Américains achetaient tout l'acajou disponible actuellement dans les forêts mexicaines accessibles, et il semblait considérer l'acajou du Yucatan comme ayant une valeur particulière. Un autre des passagers quittant le navire était un homme de petite taille et rasé de près. Il attira très tôt notre attention par son air moralisateur et par les jurons américains effroyablement fluides avec lesquels il pimentait ses parties de poker dans le fumoir, où, en compagnie d'un groupe de Mexicains habillés de façon flashy et diamantés, il jouait apparemment pour les enjeux les plus élevés. Le contraste entre son extérieur lisse et le contenu malsain de son esprit, ainsi que le fait que les deux ou trois

Mexicains au visage dur qui semblaient diriger la compagnie des petits garçons, le recherchaient constamment en consultation, conduisirent à On soupçonne qu'il était le principal trafiquant de ce trafic de mort. En réponse à nos questions sur ses antécédents et ses affaires, il est devenu abusif, et lorsque je l'ai pris en photo avec mon Kodak, il s'est mis en colère et a ensuite évité tout rapport sexuel avec ses compatriotes. Quant à savoir qui il pourrait être réellement, nous ne le savons pas. Lorsque les petits garçons ont quitté le bateau, nous avons remarqué qu'il s'éloignait également.

Le soleil commençait à se coucher, comme une boule de feu, sur la marge de la mer occidentale, lorsque nous levâmes l'ancre et partîmes vers l'est pour traverser le détroit du Yucatan. La surface des eaux était calme et tranquille comme une feuille de verre. Nous avons mis deux nuits et un jour pour atteindre La Havane, et une journée a été consacrée à traverser le détroit.

La majeure partie de l'après-midi, je me suis assis ou allongé sur le pont avant, observant les eaux et la vie marine partout autour de moi. Nous avons croisé d'innombrables troupeaux de poissons volants. Çà et là, quelques marsouins se sont retournés et ont roulé autour de nous, mais les requins ont disparu. J'ai aussi aperçu mon premier nautile, naviguant si délicatement sur la mer avec sa chaloupe alambiquée. Je n'ai jamais vu vivants ces coquillages exquis, et je les ai observés avec le plus vif intérêt. Ils n'apparaissent que lorsque règne un calme parfait. À la moindre houle de la mer, ils disparaissent instantanément. Nous avons également traversé toute la journée de vastes masses d'herbes jaunes du golfe, telles que celles que j'ai remarquées lors de la traversée du Gulf Stream lors de voyages transatlantiques, mais ici, l'herbe était en grandes masses, n'ayant pas encore été brisée par les marées tumultueuses de l'océan. Mais nous n'avons été accompagnés par aucun oiseau.

À mesure que nous avancions vers l'est, l'air devenait plus doux et plus embaumé. Nous étions complètement seuls, aucune embarcation autre que la nôtre n'apparaissait sur les eaux.

Je m'endormais en regardant les grandes étoiles et en rêvant aux galions espagnols et aux boucaniers britanniques, aux pirates portugais et aux maraudeurs français, dont les voiles aventureuses, au cours des siècles passés, ont blanchi en multitudes innombrables ces mers désormais silencieuses.

Lorsque le matin se leva, les côtes de Cuba bornaient l'horizon au sud, à dix ou quinze milles de distance. De faibles étendues de sable s'étendent le long de la mer ; des palmiers, grands et plumeux, s'agitaient dans la brise matinale derrière le ruban blanc de la grève, une légère ligne bleue de montagnes s'étendant encore au-delà. En approchant de l'île, il ne semblait y avoir aucune coupure dans la côte, mais plus loin nous avons découvert un canal étroit, entre la forteresse d'El Moro et la ville de La Havane et, en y entrant, nous sommes arrivés dans un port enclavé et à l'abri des tempêtes. , l'un des plus sécurisés au monde. Nous avons jeté l'ancre près de l'épave rouillée en saillie du United States Steamship *Maine* . J'avais terminé mon voyage. J'étais ici pour débarquer, tandis que quelques heures plus tard, le *Monterey* tournerait vers le nord et naviguerait vers New York.

LE PORT DE LA HAVANE

XX
La ville de « La Habana » – Incidents d'un séjour d'une journée dans la capitale cubaine

5 décembre.

« Habana », dit la bouche cubaine et espagnole, et le *b* est prononcé si doucement qu'on ne peut pas le distinguer du *v* .

Hier matin, mardi, nous avons jeté l'ancre sous les remparts de la grande forteresse de La Cabaña (Cabanya), dans la large baie enclavée ; de nombreux autres navires s'amarrèrent dans les eaux calmes, parmi lesquels le cuirassé *Massachusetts* et deux croiseurs, *Kentucky* et *Kearsarge* , de la marine américaine.

Le port de La Havane, vous vous en souviendrez, a un mille ou plus de largeur et neuf ou dix milles de longueur, capable d'accueillir un grand nombre de navires. Aujourd'hui, depuis qu'elle a été draguée et débarrassée des saletés accumulées au cours des siècles, les plus grands bateaux peuvent accoster sur les quais et la digue qui longent la marge de la ville. Cependant, les plus gros navires, comme à Vera Cruz, préfèrent encore jeter l'ancre dans la baie et envoyer passagers et marchandises à terre au moyen de remorqueurs et de briquets.

UN HÔTEL ESPAGNOL – LA HAVANE

A peine étions-nous amarrés qu'une multitude de petits bateaux nous entouraient, tous proposant apparemment de nous transporter jusqu'à la ville. Nous avons ignoré leurs clameurs et sommes montés à bord du grand remorqueur à vapeur sur lequel nos bagages étaient également transférés, et avons été rapidement débarqués à la douane.

J'ai laissé mes deux malles à vapeur et mon grand panier de poteries mexicaines aux soins des douaniers et je suis arrivé en ville avec seulement une valise. La douane est un bâtiment long et bas en pierre, fermé par une clôture en fer et entourant également une vaste cour de stockage pavée. Les officiers cubains, très polis, sont pourtant sous le contrôle militaire des États-Unis et du général Wood, et ils parlaient tous couramment l'anglais.

En franchissant les grandes portes de fer, nous avons fait signe d'un *cochero*, lorsqu'une demi-douzaine d'entre eux sont arrivés au galop, gesticulant et vociférant avec impatience. Nous choisissons la *cocha* la plus propre du lot, un curieux véhicule ancien, qui semble être un croisement entre le *fiacre allemand et une voiture* parisienne . Nous y grimpâmes tous les trois, puis nous partîmes au galop à travers les rues étroites jusqu'à la ville, nous arrêtant enfin devant l'hôtel Pasaje, tenu par les Espagnols. C'est grand et aéré, et j'ai une pièce au sommet où je peux capter toute brise qui souffle. Le sol de ma chambre est carrelé ; il est équipé d'un cadre de lit en fer avec matelas en fil de fer et de jolis meubles de style cottage américain. Une lampe électrique à incandescence est suspendue au plafond et il y a deux grandes fenêtres sans châssis avec des rideaux vénitiens à lattes qui peuvent être baissés pour bloquer le vent et la lumière. Ma première vue de La Havane était depuis l'une de ces fenêtres. J'ai regardé une ville aux toits plats, où se effectuait une grande partie du travail domestique, puis au-delà, à travers la *place ornée de palmiers* et le long du magnifique Prado jusqu'à la mer.

Ma première transaction commerciale fut l'achat de très beaux cigares à un prix très raisonnable ; puis un paquet de cartes postales illustrées de vues de Cuba. Dans le coin de chaque carte se trouvait la légende « Made in Detroit ». Lorsque j'ai attiré l'attention du vendeur espagnol sur ce fait, il a déclaré « il n'y a pas d'endroit tel que Détroit » et « sans aucun doute, les mots sont le nom de l'artiste espagnol qui a conçu les cartes ! »

En quittant l'hôtel, je me dirigeai vers la Plaza Grande, une place ouverte de plusieurs hectares, traversée par des allées de gravier et ombragée par de nombreux palmiers royaux et autres gracieux ; et puis en le traversant, j'arrive au Prado. « *Muy bonita esta el Prado* » (le Prado est très beau) est la phrase commune de tout Habanista ; et les Habanais sont à juste titre fiers de leur splendide boulevard aux allures de parc.

CALLE OBISPO—LA HAVANE

La Havane est construite sur une colline basse et au sommet large, qui descend doucement jusqu'au bord de l'eau. Sur la crête aplatie de cette colline se trouve la Plaza Grande, et de la Plaza jusqu'à la mer, long d'un mille ou deux, s'étend le Prado ; un large boulevard de chaque côté d'une large bande verte de parc, où une promenade Le chemin passe sous une double rangée d'arbres centenaires et ombragés, et des sièges confortables sont placés à intervalles réguliers.

C'est sur le Prado que la mode et la beauté de La Havane circulent, se promènent et s'attardent pour voir et être vues du monde entier. Le long de ses frontières, de chaque côté, sont construites bon nombre des demeures les plus nobles de ses magnats marchands et planteurs. Avoir une résidence sur le Prado, c'est imposer le respect.

L'Espagnol et le Cubain se souciaient peu de ses rues, mais il se consacrait avec une grande attention à l'embellissement de l'intérieur de sa maison. Ainsi, dans les villes cubaines comme dans les villes mexicaines, on passe souvent entre des murs nus et sans intérêt, tandis que l'on y collectionne les marbres les plus précieux, les étoffes les plus riches, les peintures les plus rares, tout à fait cachées à tous les regards curieux.

Plus tard dans la journée, je me suis promené dans les quartiers commerçants le long des célèbres Calles Obispo et O'Rielly, rues si étroites que pendant la chaleur du jour, elles sont entièrement recouvertes de stores tandis que la circulation des roues doit descendre O'Rielly et remonter Obispo . Ici sont rassemblés dans des bâtiments sobres et sans prétention de nombreuses boutiques somptueuses. Le Cubain n'a pas encore appris l'art de la vitrine ; il n'est même pas à la hauteur du Mexicain en cela. Mais une fois que vous y êtes et que vous savez quoi demander, de beaux tissus et des produits coûteux vous sont présentés sans hésitation. Entre autres magasins, le magasin de chapeaux occupe une place importante dans la vie cubaine et mexicaine. Au Mexique, le *sombrero* , cher ou bon marché, marque le statut social de celui qui le porte et, ici à Cuba, la qualité de votre *panama* détermine le montant de la considération que vous recevez. Je suis entré dans l'hôtel Pasaje avec un chapeau de feutre américain moderne, et lorsque je me suis épanoui dans un très bon *panama* , les employés et les domestiques m'ont traité avec un respect nettement accru. De la même manière, lorsque vous entrez dans un magasin, le vendeur mesure votre chapeau et vous traite en conséquence.

Ce qui est remarquable à La Havane, c'est le grand nombre de magasins de cigares. Aucune ville au monde n'en possède autant. Les cigares achetés là-bas ne sont pas non plus surpassés. Tout le monde fume des cigares à La Havane. La cigarette occupe la place inférieure. Les hommes fument des cigares ; les garçons fument des cigares ; même beaucoup de femmes fument des cigares. Au Mexique, dans les hôtels et les wagons, les dames fumaient généralement des cigarettes. Ici, à La Havane, de délicates lèvres féminines se ferment tendrement sur *El Segaro* .

Il y a aussi beaucoup de fruits vendus dans de petits stands le long des trottoirs et aux coins des rues, mais en rien comparable à la quantité ou à la profusion vue dans les villes mexicaines, et je n'ai pas non plus rencontré de dulce boys avec des plateaux de fruits confits sur la *tête* .

Il y a deux marchés principaux à La Havane ; l'une est au bord de l'eau, là où viennent les pêcheurs et qui m'a beaucoup intéressé. Il y avait le splendide *vivaneau rouge* — que j'ai vu sur les marchés du Mexique fraîchement sorti de la mer — un gros et beau poisson d'une couleur rouge foncé, pesant cinq ou six livres ; et des multitudes de sortes que je ne connaissais pas. L'autre, un grand marché où sont vendus des fleurs, des fruits et des légumes, se trouve sur la colline à deux kilomètres de la mer.

Les potagers, à la périphérie de la ville, sont aux mains des Chinois, qui apportent les légumes aux marchés où ils sont vendus par les Cubains. Ils cultivent les jardins comme ils le feraient à Shanghai, à Canton, à Pékin ; ils sont venus directement de Chine ; ils contrôlent déjà le commerce des légumes de La Havane et on dit qu'ils s'enrichissent rapidement.

Les marchés ne sont ni aussi grands, ni aussi abondamment approvisionnés que ceux de Mexico, où les fruits et légumes des hauts plateaux tempérés, mais aussi ceux des tropiques, sont proposés dans un même étal.

C'était la veille de Noël que je visitais le plus grand marché, et l'intérêt principal des acheteurs semblait être centré sur l'exposition de cochons vivants et de cochons de lait. C'est la coutume des Cubains de célébrer leur Noël avec un banquet royal de cochon rôti. Alors la ménagère choisit un « dîner vivant et hurlant », l'attache par ses quatre jambes et, avec une corde en bandoulière, le ramène chez elle en vociférant vigoureusement sous son bras. J'ai vu peu de cochons au Mexique, seulement quelques porcs ou chevreaux, maigres et sauvages, qui couraient le long des routes du Michoacán ; mais ici, à Cuba, le cochon est *el gran Señor*.

Les foules rassemblées sur ces marchés contrastaient fortement avec celles du Mexique. Ici, il n'y avait aucune des teintes brunes chaudes de l'Inde, mais plutôt le jaune mulâtre et l'Espagnol ou le nègre très foncé. Ce qui est curieux dans ces foules cubaines, c'est que le mulâtre espagnol, au lieu de porter la couleur de l'homme blanc avec les traits du nègre, porte au contraire les traits de l'homme blanc avec la couleur plus foncée de son sang africain, d'où l'impression créée par une foule cubaine est plutôt celle d'hommes aux traits caucasiens nuancés de couleurs allant des tons les plus pâles aux plus foncés. On dit aussi que beaucoup des visages les plus sombres n'ont aucun sang nègre, mais sont ceux des descendants des anciens Maures, qui, autrefois seigneurs de la vieille Espagne, ont laissé en héritage une lignée fière et une peau basanée. . Pour un œil inexpérimenté, il est presque impossible de faire la distinction entre le nègre espagnol et l'« Espagnol noir ». Ainsi, à Cuba, la distinction raciale, telle qu'elle est tracée aux États-Unis, devient presque impossible. Cela n'existe pas non plus. Des hommes de toutes nuances se mêlent et se mélangent dans les fonctions sociales, car qui peut dire si le visage sombre est ombragé par le sang infusé du humble nègre ou du Maure hautain ?

LA CATHÉDRALE—LA HAVANE

En fin d'après-midi, je descendis le long du Prado et, m'arrêtant devant le numéro 55, j'appuyai sur une sonnette électrique. La porte s'ouvrit et je pénétrai dans un *patio spacieux* ; d'un côté il y avait une automobile moderne, de l'autre des pots de plantes à fleurs, et j'entrai dans un salon grand et aéré.

J'aurais pu être dans mon propre pays, car il portait les marques du goût moderne. C'était le salon de *Señora* —— qu'en tant que Miss ——, j'avais connue et admirée aux États-Unis. Elle exprima sa joie de me voir, me saluant avec la cordialité d'une vieille amie. Elle a immédiatement insisté pour que je l'accompagne ce soir-là dans la loge privée de Mme le général Wood lors du dîner que les citoyens de La Havane donneraient aux officiers de la marine américaine actuellement ici avec l'escadre. Le dîner devait avoir lieu à l'Opéra. Ce serait l'événement le plus marquant de l'année ; tout ce qui se distinguait dans la vie sociale, militaire et navale cubaine, espagnole et américaine y serait rassemblé. J'étais un voyageur de passage, et mon pantalon de canard blanc et mon manteau de flanelle bleue n'étaient guère le costume à porter au milieu d'une compagnie aussi brillante ; mais c'était le meilleur que j'avais et que pouvais-je faire de mieux que d'accepter ? Le mari de mon hôtesse, en tant que membre du comité d'accueil, devait être séparé d'elle et mon escorte lui serait très utile.

Quelques heures plus tard, nous fûmes introduits dans le grand théâtre et conduits en grande pompe à la loge privée de l'épouse du gouverneur militaire de Cuba. Ici étaient réunies Mme Wood elle-même, l'épouse de l'amiral Converse, et les dames de leur entourage. La scène était splendide. Le spacieux Opéra, construit par les Espagnols avec leur goût pour la pompe, les cérémonies et les fonctions brillantes, était rempli d'un assemblage distingué ; du sol jusqu'au toit élevé, il y avait des rangées de loges, et ces loges étaient occupées par la beauté et la mode de Cuba. Le grand parquet du théâtre était recouvert de parquet et sur cet espace étaient disposées de longues tables. Le dîner avait déjà commencé depuis quelque temps. La compagnie rassemblée là-bas approchait de l'heure où les toasts sont offerts. Le jeune *Señor* Garcia, fils du général cubain, était le maître du toast de l'occasion. À sa droite était assis le général Wood ; à sa gauche, l'archevêque de Santiago, vêtu de robes riches et somptueuses, le premier prêtre cubain à atteindre cette haute dignité. Les officiers navals et militaires américains portaient l'uniforme de grande tenue, et les généraux cubains brillaient dans leurs atours guerriers et leurs dentelles dorées. Les civils portaient des costumes habillés et j'étais le seul invité de la soirée en canard blanc et flanelle bleue.

LA PREMIÈRE ÉPÉE VERTE—LA HAVANE

Les discours étaient en espagnol et en anglais et régnaient un grand enthousiasme et une bonne camaraderie. Au cours de la soirée, la plupart des messieurs présents sont venus présenter leurs respects à l'épouse du gouverneur de Cuba, et j'ai eu la chance d'être présenté à la plupart d'entre eux.

Les sentiments entre les Cubains et les Américains sont désormais des plus cordiaux, ou, devrais-je plutôt dire, entre les Cubains gouvernants et les plus cultivés et nous-mêmes ; car parmi ceux dont la connaissance des États-Unis s'acquiert principalement du contact avec des soldats, pas tout à fait courtois dans l'application de l'ordre, il y a peu de bons sentiments, mais plutôt un sentiment d'antagonisme aigu, qui, bien que généralement réprimé, surgit néanmoins de temps en temps. dehors.

Après le dîner et la clôture de la cérémonie, je me suis promené sous les étoiles le long du Prado et de la Plaza Grande jusqu'à mon hôtel. Les rues étaient pourtant pleines de monde, même s'il était tard. Sur la grande place, la fanfare n'avait pas terminé son concert nocturne, et les chaises qui, à La Havane comme au Mexique, sont louées au public, étaient encore bien remplies de ceux qui s'attardaient pour profiter de la musique et de l'air frais de la nuit.

En poursuivant mon chemin vers la maison, j'ai entendu un bourdonnement lointain de voix et un cri occasionnel. Les sons se rapprochaient. En regardant le Prado, j'ai vu de nombreuses lumières en mouvement. Puis un groupe a commencé à jouer. Un cortège approchait. Je me suis arrêté pour regarder. Vint d'abord un groupe composé d'hommes en uniformes élégants ; à leur suite, des hommes à cheval, certains en uniforme, d'autres en civil. Puis vinrent plusieurs autres bandes, ainsi que des hommes et des garçons à pied portant des banderoles, des lanternes et des illuminations. Une multitude défilait dans les rues. De temps en temps, ils criaient le nom « Masso, Masso » et se lançaient en *vivas* et *bravos* . A l'hôtel Pasaje, ils s'arrêtèrent et renouvelèrent leurs acclamations et leurs cris, la large rue se remplissant d'une foule pressée, une foule en liesse, pour la plupart au visage sombre. Le cortège était une manifestation en faveur de Masso par les partisans du parti « Massoista ». C'est le candidat qu'ils éliraient à la présidence de la République cubaine face à Estrada Palma.

VENDRE DES LÉGUMES—LA HAVANE

Le lendemain après-midi, je prenais le tramway en compagnie d'un ami, en direction des faubourgs de la colline, lorsqu'un Cubain grand et courtois s'est approché de nous. Il s'assit à côté de mon ami et, après quelques instants de conversation, se tourna vers moi et me dit dans un anglais parfait qu'il m'avait remarqué la veille au soir dans la loge de « Señora General Wood » et « qu'il m'avait remarqué » . pour un étranger à La Havane. Il a dit qu'il allait bientôt descendre de la voiture et a demandé si nous ne voudrions pas visiter une vieille demeure cubaine, afin de voir comment les Cubains vivaient dans le style de l'ancien *régime* .

Connaissant la manière gracieuse de compliments habituelle chez les peuples espagnols, j'allais le remercier de la courtoisie et du refus offerts ; mais mon ami américain, à ma grande surprise, accepta promptement l'invitation. Nous avons laissé la voiture en compagnie de notre guide, *Señor* ——, qui appartient à l'une des plus anciennes familles cubaines d'origine française, — et est un avocat de renom.

Nous nous sommes approchés d'une résidence majestueuse construite en marbre blanc, une série de hauts piliers en marbre devant un portique en marbre qui longe la façade. Nous avons franchi un petit portail à l'intérieur d'un plus grand dans une haute clôture en fer forgé, une petite porte vitrée dans une grande porte et sommes entrés dans un salon haut et large, s'étendant sur la façade de la maison. Tout était en marbre blanc, les sols, les lambris, les portes ; il n'y avait aucune boiserie nulle part. De beaux tapis gisaient sur le sol et des meubles français en rotin aux formes simples étaient dispersés dans la pièce. D'un côté, nous sommes entrés dans une autre chambre haute, au sol et aux lambris similaires, utilisée comme boudoir pour dames, et de là nous avons traversé une large place, dans un jardin espagnol magnifique et bien entretenu. Les allées étaient soigneusement aménagées, les parterres étaient remplis de plantes en fleurs, il y avait de nombreux palmiers de différentes variétés, ainsi qu'un bain en marbre avec eau courante et une grande piscine. Au-delà du jardin fleuri, nous entrâmes dans un potager, près duquel se trouvait une spacieuse écurie ; puis, de retour à la maison, *El Señor* nous demanda si nous aimerions aussi voir la cuisine. On nous fit entrer dans une grande pièce carrée, au centre de laquelle se trouvait un « poêle octogonal en carrelage bleu », d'environ dix pieds de diamètre au sommet et quatre pieds de haut, une sorte de table en porcelaine, contenant de nombreuses niches pour construire de petites pièces. des feux de charbon de bois, un seul feu pour cuire chaque plat séparément. Un vieux domestique nègre, esclave affranchi, préparait le repas du soir. Nous entrâmes ensuite dans la grande salle à manger, avec de vieux meubles en acajou, une longue table pour les banquets et, à côté, une petite table déjà dressée pour le repas du soir. Il y avait beaucoup de bel argent et du verre taillé sur le haut buffet en acajou à l'ancienne mode. De la salle à manger, nous sommes passés dans une bibliothèque dont les étagères étaient remplies de livres français, espagnols, allemands et anglais. Ici, le père de mon hôte, un juge éminent, avait rassemblé autour de lui une grande partie de la littérature la plus raffinée du monde. Puis nous sommes sortis dans le grand *patio* , carré et ouvert sur le ciel, une fontaine jouant au milieu et de nombreux palmiers en pot et plantes à fleurs disposés tout autour. La grande maison était à un étage et toutes les pièces ouvraient sur la cour centrale. Aucune des fenêtres n'était vitrée et des stores vénitiens empêchaient la lumière et trop d'air de pénétrer.

Ici, dans cette somptueuse demeure, vécut pendant un demi-siècle une des familles distinguées de La Havane ; ici vivaient maintenant les petits-enfants de ceux qui l'ont construit.

Notre hôte nous conduisit ensuite jusqu'au large toit plat d'où s'étendait devant nous un panorama sur la ville, la baie et le large.

Mon ami, qui avait longtemps vécu à La Havane, occupant un poste important au sein du gouvernement, n'avait jamais eu auparavant le privilège d'inspecter une si belle maison cubaine. Alors que nous nous quittions ce soir-là, il s'est tourné vers moi et m'a dit : « Peut-être faut-il remercier le pantalon de canard blanc et le manteau de flanelle bleue, qui étaient si visibles hier soir dans la loge du gouverneur général de Cuba, pour cette opportunité qui s'offre maintenant à nous deux. .» *El Señor* avait eu le plaisir de faire preuve de courtoisie envers l'invité de la première dame de l'Île.

Ni la grande cathédrale de La Havane, ni aucune de ses églises, ni la chapelle honorée où les ossements de Colomb sont censés avoir reposé, ni aucun de ses édifices publics, pas même le « Palais » des capitaines généraux espagnols, ne sont si frappants. et une architecture splendide comme on en voit généralement au Mexique. L'attrait et la renommée éblouissante de l'empire de Montezuma attiraient là tout ce qu'il y avait d'audacieux, de énergique et de brillant dans la vieille Espagne. Même les merveilles de Cuba et des Antilles pâlissaient devant les récits de richesses et de trésors fabuleux de la conquête de Cortés. Les nobles églises et l'architecture du Mexique n'ont pas de rivales parmi les villes cubaines. Il n'y a pas non plus chez les Cubains ce pittoresque des costumes, cet éclat saisissant des couleurs qu'on voit dans les rues des villes mexicaines. A Cuba, on ne voit pas *de zerapes écarlates, verts et bleus* ; pas *de rebozos* violets, bleus et roses ; pas *de rancherros* et *de caballeros* en vestes de velours et en pantalons moulants, lacés, pailletés et boutonnés de fils d'argent et d'or ; aucune de la splendeur des couleurs et des vêtements du XVIe siècle, qui s'accroche encore à la scène des rues du Mexique. Cuba, dans ses aspects extérieurs, est résolument moderne et peu romantique. Le manteau noir est *de rigueur* ; le chapeau noir ou le *panama* est le seul couvre-chef, et même la chapellerie conventionnelle a commencé à chasser la gracieuse *mantille* des sourcils des *señoras* . Il n'y a ni poésie, ni coloration artistique dans le projet de vie du Cubain. Son visage et ses mouvements manquent de la vivacité et de la vigilance inspirées par l'air vif et vivifiant des hautes terres mexicaines. Même les vêtements qu'il porte et la façon dont il les porte témoignent de l'atmosphère lourde du niveau de la mer qu'il respire. La langue cubaine n'a pas non plus conservé la grâce et la force anciennes qui distinguent l'espagnol presque classique du Mexicain. L'espagnol parlé à Cuba a ajouté à son vocabulaire une multitude de mots issus du français et de l'anglais de ses voisins et du *patois provincial* des soldats espagnols autrefois nombreux.

UN COIN DU MARCHÉ—LA HAVANE

Une autre fois, nous sommes allés dans les jolis faubourgs de Vendado, où se trouvent de nombreuses belles maisons et de vastes jardins, la plupart construits dans le vieux style espagnol, mais certains des bâtiments les plus récents sont à la mode de l'architecture américaine moderne. Ces dernières sont moins attrayantes que celles que l'Espagnol a développées au cours de ses siècles de vie sous les latitudes tropicales.

XXI
Cuba—La Forteresse de La Cabaña

Le bout de bougie que le capitaine MacIrvine tenait dans sa main brûlait si bas que ses doigts étaient brûlants. Mon dernier match a été brûlé. Nous devrions tâtonner pour sortir. Juste à ce moment-là, une faible lueur lointaine brillait au loin dans le tunnel bas et étroit. Il se rapprochait, il grandissait ; il y avait là un homme, un soldat, oui, un officier cubain, un lieutenant d'infanterie. Avec lui se trouvaient deux dames ; un plus âgé que lui, dont le visage, doux, mais oh, si triste ! était sillonné de rides profondes. Sa main tremblait sur le bras de son escorte. L'autre femme était plus jeune, aussi jeune que le lieutenant, et agréable à regarder. « *Oui, Señor* », répondit le lieutenant à une question, « j'ai une boîte de l'allumette. Prenez-en une moitié. Prenez-les tous. Je connais la sortie. Il tendit à MacIrvine une boîte de petits cierges de cire. Des larmes coulaient sur le visage de la femme âgée ; le plus jeune poussa un sanglot. Les trois hommes passèrent leur chemin et gravirent la montée raide à gauche. Nous étions à nouveau dans le noir complet.

FORTERESSE DE LA CABAÑA

"Qui est-il? Qui sont-ils?" J'ai demandé. « C'est l'officier qui commande maintenant cette fortification ; ce sont sa mère et sa sœur », répondit MacIrvine, devinant à moitié ma question. « Il appartient à une importante famille cubaine. C'étaient des gens riches. La famille était en train de dîner un soir. Un garde espagnol est venu à la maison et a envoyé une carte au père, qui était un éminent juge. Il quitta la table et se dirigea vers la porte. Il a été arrêté et amené ici, sans chapeau et en pantoufles. Lorsque la famille est allée savoir pourquoi il n'était pas revenu pour finir son café, elle a appris qu'il avait été emmené à La Cabaña. Ils ne l'ont jamais revu. Les autorités espagnoles ont indiqué qu'il s'était « enfui ». En fait, il a été amené ici, dans l'un de ces donjons, et a été emmuré vivant. Ces parois rocheuses lâches que vous regardez maintenant, remplissant ces arches basses le long de ce passage, racontent toutes la même histoire. Derrière chacun de ces murs, un ou plusieurs Cubains sont emmurés vivants. Leurs os pourrissent encore là-bas.

Lorsqu'un homme était emmuré, aucune trace du donjon n'était conservée ; les gardes étaient ensuite changés et souvent envoyés dans une autre forteresse. Personne ne pouvait connaître le lieu de sépulture de la victime, où elle était emmurée avec seulement une cruche d'eau, une miche de pain ; et les rats lui en ont volé la moitié. Oubli dans la vie, oubli dans la mort.

Nous étions dans le donjon le plus profond et le plus sombre de la gigantesque forteresse, La Cabaña, qui couronne la hauteur de l'autre côté de la baie de La Havane. Le passage mesurait environ quatre pieds de large. Le long d'un côté se trouvaient des arcs étroits et bas, d'une portée d'environ trois pieds. La plupart de ces arches étaient entièrement remplies d'un mur de grosses roches meubles. L'air pourrait passer entre les fentes, et les rats et les lézards pourraient ramper à travers ; un rat vide, pas un rat plein de graisse à l'intérieur. Quelques-uns de ces murs avaient été démolis, et les ossements épars que les dents acérées n'avaient pas détruits avaient été entièrement rassemblés et enterrés dans le beau cimetière de la ville. Mais la plupart de ces murs étaient encore intacts, l'histoire de leurs morts inconnus étant perdue à jamais. Mon pied a heurté quelque chose, je me suis penché et j'ai ramassé le tibia d'un bras humain ; les rats l'avaient traîné à travers le mur. Je l'ai posé doucement sur une corniche rocheuse en saillie, l'âme remplie d'horreur devant l'histoire de la cruauté espagnole qu'elle racontait.

Nous étions bien loin du jour. Nous avions traversé un fossé à l'intérieur de la forteresse géante. Nous avions dépassé de nombreuses chambres semblables à des grottes construites dans la maçonnerie massive – les casemates où soldats et officiers avaient vécu à l'aise. Nous étions entrés dans une petite pièce avec des sièges en pierre de chaque côté. C'était la salle de garde extérieure de la série de donjons situés derrière. Nous avions poussé une immense grille de fer qui tournait sur des gonds rouillés comme une porte. Nous étions arrivés dans une vaste salle voûtée, dallée de grosses pierres, le centre du sol étant plus bas que les côtés, faisant l'écoulement. Le long des murs, de chaque côté, sur toute la longueur, à une hauteur d'environ sept pieds, se trouvaient de lourds anneaux de fer. C'est à ces anneaux que les prisonniers étaient enchaînés. Parfois, les chaînes étaient rivetées à des colliers de fer soudés autour du cou. Un homme peut se tenir confortablement sur la pointe des pieds. Quand ses orteils lâchèrent, le collier lui pinça le cou ; il mourait parfois du jour au lendemain avant que le gardien de prison ne découvre que ses orteils étaient faibles. Dans cette grande salle, des centaines de patriotes cubains s'étaient rassemblés. Aucun air ne pouvait entrer sauf par l'étroite porte grillagée, aucune lumière ne pouvait pénétrer sauf la faible lueur qui dérivait par la petite porte extérieure. Ceux qui risquaient de mourir étaient amenés à la grille par n'importe lequel de leurs codétenus dont les chaînes leur permettaient de se déplacer. La grande salle empestait toujours l'odeur de cette foutue mortalité. Mais ça n'était pas tout. À l'extrémité de la vaste pièce se trouvait encore une autre porte grillagée, désormais ouverte sur des charnières rouillées. Nous passâmes dans une seconde chambre, plus basse et plus longue que la première, obscurcie par une obscurité perpétuelle. La moindre lueur de la douce journée de Dieu pouvait à peine être discernée à travers la grille lointaine de la porte de la première chambre. Ici aussi, les hommes étaient enchaînés à des anneaux de fer à intervalles réguliers de chaque côté. Avec le bout de notre bougie allumée, nous scrutions les murs massifs et essayions de distinguer ici et là la légende qui restait, en écriture espagnole erronée, de la malheureuse créature qui avait gravé ici son dernier mot. Dans ce donjon éloigné, les hommes étaient enfermés pour mourir de nourriture maigre, d'eau putride, d'obscurité perpétuelle et d'air chaud et vicié qui s'infiltrait depuis le donjon extérieur.

L'ENTRÉE DE LA CABAÑA

Je pensais que nous ne devrions sûrement plus avoir d'autres horreurs à voir. Mais le capitaine MacIrvine connaissait le chemin. Il avait été parmi les premiers soldats américains à pénétrer dans La Cabaña et à découvrir les mystères de ces donjons méconnus et parfois oubliés. À l'extrémité de la deuxième chambre, il poussa une lourde porte en fer massif. Il entra dans un passage étroit d'à peine trois pieds de large et si bas que je dus me baisser. « Faites attention à l'endroit où vous mettez le pied. Prenez soin de votre tête. Allez-y doucement, » cria-t-il en guise d'avertissement ; et nous nous sommes retrouvés en forte baisse. L'air était humide et fétide. Ma tête lancinante était sourde et lourde. Avant notre approche, un rat trop aventureux s'est précipité. J'ai marché sur le corps gluant d'un lézard. Mon oreille détecta le retrait d'armées de scorpions alors qu'ils claquaient leurs griffes encombrantes, mais j'entendais le battement lugubre d'aucune chauve-souris ; il régnait ici une atmosphère trop mortelle pour que même ceux-là puissent vivre. Nous arrivâmes brusquement à une paroi rocheuse, meuble, mais fermement ancrée dans une dépression voûtée basse. Le passage s'élargissait et tournait à angle droit, à droite et à gauche. C'est ici que nous avons vu la lumière approcher et rencontré l'officier cubain et les dames.

Quand nous avons retrouvé notre chemin vers le clair et doux soleil, et que j'ai regardé le ciel bleu qui se courbait au-dessus de ma tête et que j'ai senti dans mes narines la brise parfumée qui soufflait de la mer, puis j'ai levé les yeux et j'ai vu flotter sans tache et resplendissant, au-dessus de moi et au-dessus de La Cabaña et au-dessus de Cuba, maintenant libre, mon drapeau bien-aimé, le drapeau de ma propre terre libre, les étoiles et les rayures, mon cœur s'est accéléré. J'étouffais un peu et je savais ce que Cuba et le monde avaient gagné grâce au sang et aux larmes versés par mon pays pour que la tyrannie espagnole soit à jamais chassée de son dernier bastion de l'autre côté de la mer.

Le capitaine MacIrvine et moi nous étions rencontrés cet après-midi-là près de la porte de la douane de La Havane, au bord de l'eau. Nous avions pris une de ces curieuses barques à rames aux extrémités arrondies, couvertes d'auvent, qui peuvent contenir une douzaine de passagers et qui se pressent partout le long des quais. Nous avions embauché le vieux batelier cubain pour l'après-midi et lui avons demandé de nous conduire jusqu'au plan d'eau de La Cabaña, de nous déposer à terre et de nous retrouver à la porte d'eau d'El Moro, trois heures plus tard dans l'après-midi. Il était brun et flétri, avec une mâchoire carrée et sinistre et de beaux yeux sombres. C'était un patriote cubain. Il avait lui-même passé près de deux ans dans les sombres cachots de la forteresse, sa famille le croyant mort depuis longtemps ; et tout cela parce que dans son cœur secret, il a osé aimer *Cuba Libre* .

La Cabaña est la plus grande fortification espagnole du Nouveau Monde. Il lui a fallu plusieurs siècles pour atteindre ses dimensions immenses. Couronnant les hauteurs de l'autre côté de la baie de la ville de La Havane, son record d'invités obligatoires est un record de trois siècles de chagrin et d'agonie d'une race. Dix-huit à vingt millions de dollars en or ont été dépensés pour ses murs et remparts vastes et massifs, ses douves et ses fossés. Les ingénieurs espagnols la considéraient comme imprenable, et les États-Unis n'eurent pas besoin de tester quelle pouvait être sa force. Le long de l'étroite chaussée inclinée et pavée de roc, depuis le bord de l'eau jusqu'aux portes arrière en pierre de l'entrée unique, a défilé une longue procession de patriotes cubains – hommes et femmes, simples garçons et hommes aux cheveux blancs ; et rares sont ceux qui en sont ressortis. Ils moururent par dizaines dans les cachots, et leurs corps furent enterrés dans des tranchées, ou, transportés par le passage souterrain jusqu'aux remparts d'El Moro, y furent jetés aux requins en pleine mer. Ceux de moindre importance qui ont osé encore survivre ont été emmenés par des pelotons jusqu'à un mur marqué et bosselé et abattus. Cet endroit est consacré à l'homme libre d'aujourd'hui. Nous nous tenions devant lui, la tête découverte. Une petite clôture le jalonne, une tablette de bronze est posée contre la paroi rocheuse meurtrie par les balles. L'herbe si luxuriante devant nous a été arrosée du sang le plus noble des patriotes cubains. Le soldat cubain qui gardait la porte nous regardait lever notre chapeau devant le terrain sacré et consacré de la terre martyrisée. Il nous salua respectueusement alors que nous rentrions, et il me sembla qu'il y avait une lueur plus profonde et plus aimable qu'une salutation désinvolte dans son œil au beurre noir.

OÙ LES PATRIOTES ONT ÉTÉ TIRÉS—LA CABAÑA

Une grande garnison de troupes régulières était toujours tenue en état de préparation militaire à La Cabaña ; désormais, une seule compagnie d'infanterie cubaine occupe la forteresse. Cuba libre et cinquante soldats cubains à La Cabaña ; Cuba, une province espagnole et cinquante mille baïonnettes pour mettre en garnison et maintenir La Havane, une seule ville !

De nombreux canons anciens ornent encore les remparts de La Cabaña, l'artillerie la plus récente ayant été transportée en Espagne ou, disent certains, coulée dans la mer. L'ancienne chapelle sert aujourd'hui de chambre à coucher pour la garde cubaine. La cloche qui sonnait si souvent pour les âmes perdues des condamnés est désormais révolue. La source d'eau bénite est un réceptacle pour les déchets. L'escalier usé qui monte jusqu'au toit ne répond plus au pas des milliers de pieds qui les pressaient. Juste au-dessus de la chapelle, près de l'endroit où battait la cloche, se dressait le garrot où, dit-on, plus de soixante mille gorges ont été serrées et écrasées par les pinces de fer. Peut-être nulle part au monde autant d'âmes n'ont-elles été sanctifiées comme dans la chapelle de La Cabaña, et nulle part autant de vies n'ont été éteintes que par ce redoutable instrument de mort. Et pourtant, alors que nous nous tenions sur cette haute plate-forme, avec l'air doux de Cuba désormais libre remplissant nos poumons, et que nous regardions les soldats cubains faire leur rythme dans le parc en contrebas, il semblait, dans l'humeur sereine et reposante de la journée, presque Il est incroyable qu'il y a à peine trois ans, tout au plus quatre ans, se soit déroulée ici une tragédie quotidienne de cruauté et d'horreur qu'aucune plume humaine ne sera jamais en mesure de décrire réellement.

En 1894, lorsque j'avais acheté quelques obligations cubaines, et en 1896, lorsque j'avais hissé le drapeau cubain sur mon mât McKinley à Coalburg, j'avais vaguement senti que je faisais une chose tout à fait correcte ; mais ce n'est que lorsque je me suis tenu sur les remparts de La Cabaña, que j'ai considéré l'impitoyable monstrueuse domination espagnole et que j'ai vu au centre de ma vision la preuve démontrée d'une cruauté au-delà de toute conception à l'époque actuelle, - alors seulement, j'ai Je réalise pleinement comment Dieu avait guidé les cœurs et les pensées de mes compatriotes en rendant à jamais impossible la continuation de ces iniquités.

De La Cabaña, nous avons traversé une étendue d'herbe d'un quart de mile, jusqu'aux parapets d'El Moro. Construit sur une profonde fondation rocheuse, il protège l'angle de terre entre la haute mer et la rive opposée de la baie de La Havane. Au-dessus, comme au-dessus de La Cabaña, flotte le drapeau étoilé. À l'intérieur réside une garnison robuste, propre et bien construite, composée de nos propres garçons en bleu. Cela m'a fait du bien de les voir. Ils avaient l'air vigoureux et pragmatiques. Des hommes jeunes, soignés, aux yeux clairs, exprimant dans leur regard et leur démarche la maîtrise aisée de la puissance juvénile et géante dont ils portent le simple uniforme. El Moro n'a jamais été une prison-forteresse, même si l'on dit qu'il existe des donjons encore inconnus, creusés profondément dans la base rocheuse sur laquelle il se dresse. Ce n'est pas non plus aujourd'hui un fort capable de résister à une attaque de canons modernes. Mais dans les temps anciens, c'était un monument imprenable, et c'est aujourd'hui un bel exemple de ce que l'art militaire a appris aux hommes à construire au cours des siècles passés.

La plupart des armes sont vieilles et obsolètes, notamment une douzaine de canons immenses connus parmi les jeunes soldats sous le nom de « Douze Apôtres », tandis qu'un ou deux seulement, de fabrication moderne, pointent le nez vers la ville et la mer.

Depuis El Moro, nous sommes descendus jusqu'au bord de l'eau et, après avoir trouvé notre batelier, nous avons été transportés vers la ville tranquille. Le soleil se couchait derrière les hautes terres à l'ouest ; le ciel azur était devenu violet, tout barré d'or et de rouge. La lumière dorée du soir illuminait la ville comme d'une auréole. Cela m'a semblé une bénédiction sacrée pour Cuba désormais libre à jamais.

UN PARC ESPAGNOL—MATANZAS

XXII
Cuba—Ses terres sucrières fertiles—Matanzas au bord de la mer

LA HAVANE, CUBA,

27 décembre.

Une tasse de chocolat, un petit pain, une noisette de pâte de goyave, tel était mon *desayuno* , mon petit-déjeuner. *Le señor* G..., surintendant de la formation civique dans les écoles de Cuba, avait également pris son café du matin et m'attendait devant le large portail de l'hôtel. Nous avons appelé une *cocha* , avons demandé au *cochero* de nous conduire jusqu'au ferry sur la baie et nous nous sommes bientôt retrouvés dans les rues étroites et pavées de La Havane. Il était tôt, pas encore six heures. Mais les habitants des tropiques se lèvent tôt et la vie trépidante de la journée était bien commencée. Nous pouvions regarder jusque dans les cours et même dans les salons des maisons, tant notre roue *de cocha était proche* des portes ouvertes et des rideaux largement relevés des fenêtres sans verre. Une jeune mère regardait avec curiosité les *Americanos* à travers les barreaux de fer d'une fenêtre . Elle tenait sa petite fille qui riait dans ses bras. Une paire de chaussons, un collier de corail, un sourire amical, et c'était habillé pour la journée. Une famille était assise à une longue table, chacun sirotant un café noir et clair. La mère fumait un énorme cigare noir, le père un cigare de taille plus modérée, les enfants fumaient tous des cigarettes. Des colporteurs légèrement vêtus criaient leurs marchandises, le dos rempli de fer blanc. Les femmes portaient sur la tête de gros paniers de fruits. Une vieille femme africaine d'un noir de jais marchait péniblement avec un jouet hurlant, attaché par les quatre jambes et suspendu à son épaule. Un troupeau d'ânesses se tenait devant une porte ouverte ; leur propriétaire en traitait un, l'acheteur se tenait à proximité pour être sûr que le lait du matin était bien le vrai. Mais les magasins n'étaient pas encore ouverts. Il était trop tôt pour les acheteurs. Mais les auvents étaient déployés dans les rues, afin d'être prêts pour le soleil quand il ferait chaud.

A mesure que nous approchions des environs de la baie, la presse des piétons dans les rues augmentait. Les trottoirs étroits et même la rue elle-même étaient remplis d'hommes et de femmes se dirigeant vers le ferry. Notre *cochero* a fait claquer son fouet et a hurlé à la foule, qui s'est enfuie avec bonhomie. J'essayais d'allumer mon cigare, mais le mouvement du véhicule a éteint l'allumette. Je venais d'en frapper un troisième. Une femme sur le trottoir a vu ma dose. Elle a appelé le *cochero* et m'a montré du doigt. Il arrêta son cheval sur ses hanches. Il a attendu que mon cigare soit allumé, puis il a continué. Telle est la coutume dans une ville où tout le monde fume et où *El Segaro* est le roi.

Dans le long ferry au toit bas, il y avait une foule nombreuse, une presse peu commune. Nous avons payé une *peseta (vingt centimes) à notre cochero* , l'avons congédié et avons marché au milieu de la foule.

Au milieu se trouvait un groupe de messieurs portant des chapeaux *panama blancs* et des vêtements en lin blanc. L'un d'eux était petit et corpulent avec *des moustaches grises* , une barbichette pointue et des cheveux gris flottants. Il s'agissait du général Masso, candidat du parti massoiste à la présidence. Je l'avais rencontré le soir où il prononçait son grand discours devant ses partisans enthousiastes devant l'Hôtel Pasaje, et leur disait à tous de s'abstenir de voter lorsque le jour des élections viendrait, "car tous les canailles et voleurs de Palmaistas n'étaient-ils pas des usurpateurs potentiels du pouvoir, soutenus eux aussi par les baïonnettes yankees ! A quoi bon voter ou essayer de voter contre de telles combinaisons pour le mal et le mal ? Non! que les massoistes restent chez eux et que, par le petit nombre de suffrages exprimés, que le monde comprenne que la véritable force du peuple cubain ne réside pas dans Palma, la marionnette de la puissance américaine, mais dans le vrai peuple cubain, dont le jour serait dans l'avenir viendra sûrement ! Et la multitude rassemblée n'avait-elle pas rempli l'air de cris : « Bravo ! *Vive Masso !* » Avec lui se trouvait le señor Hernández, candidat à la vice-présidence du parti massoiste, qui s'était également tenu sur un tas de cartons et avait remué la multitude excitée avec une éloquence encore plus intempérante. Et il y avait aussi *le señor* Gualberto Gomez, le plus grand orateur de Cuba, petit, gros, aux cheveux gris, avec des lunettes d'or, un mulâtre espagnol, le véritable chef de la grande et turbulente race afro-espagnole ; le puissant partisan des massoistes, qui, dit-on, avait soudé le tiers de la population négro-espagnole de Cuba en une machine politique solide, liée entre elle par les liens secrets de la fraternité occulte. C'est son éloquence impétueuse qui a balayé la Convention constitutionnelle et a porté triomphalement le projet du suffrage universel jusqu'à la victoire contre les plans prédéterminés des dirigeants conservateurs. Il permettrait désormais à ses partisans de détenir la balance du pouvoir à Cuba, et ainsi diriger l'île comme le fait sa race à Haïti et à Saint-Domingue ! Pour le moment, il utiliserait les massoistes et leur propagande pro-espagnole, puis il mettrait de côté les partisans espagnols et dirigerait lui-même Cuba grâce au pouvoir de ses noirs organisés. Il y avait aussi le jeune Garcia, fils du grand leader, mécontent du rôle mineur que Palma et les Américains lui ont permis de jouer, et désireux d'avoir Cuba totalement libérée de l'ingérence américaine aussi bien que espagnole. Oui, ces dirigeants étaient tous là, et la grande place devant le ferry était remplie d'une foule en liesse pour leur dire au revoir, et Masso « Vite » dans son voyage vers sa plantation. Lorsque j'ai rencontré ces messieurs auparavant, j'ai apprécié une conversation libre et franche avec eux, et ils n'avaient fait aucun scrupule à m'exprimer leur politique et leurs revendications : — leur détermination à gouverner ou à ruiner ; leur politique consistant à s'abstenir de voter et à se lancer ensuite dans une révolte armée. Ce matin, ils étaient tous réunis ici pour faire un dernier adieu à leur chef bien-aimé, Masso, un bon vieux patriote au passé militaire célèbre, que beaucoup pensent maintenant que des hommes plus rusés que lui utilisent à leurs propres fins égoïstes.

L'ÉPAVE DU MAINE

Le ferry-boat était de construction ancienne et se déplaçait lentement. Nous devions traverser la baie jusqu'au petit faubourg où nous devions prendre le train qui devait nous transporter à travers le pays vallonné et les plaines plates du centre de Cuba jusqu'à la riche et fertile province sucrière de Matanzas.

Notre trace au-dessus des eaux désormais claires de la baie nous a conduits à proximité de l'épave écrasée et pliée du navire à vapeur américain *Maine* , tandis que non loin de là se trouvaient à l'ancre facile trois bateaux de guerre modernes de la marine, le *Kearsarge* , le *Kentucky* et le *Massachusetts* . un trio fier que les yeux des Espagnols et des Cubains pourront contempler. L'épave repose toujours là, son mât de misaine solitaire étant un triste monument à la tragédie qu'elle marque.

Le chemin de fer part presque plein est, depuis les banlieues basses, et passe à proximité du village de Guanabacoa, où étaient rassemblés tant de reconcentrados, où la *cruauté* espagnole a développé ses crimes les plus gratuits et où la fièvre jaune a fait des ravages les plus meurtriers. Espagnol et cubain. Nous avons couru entre des collines couvertes d'herbe, passant devant de grands bosquets de l'arbre tropical le plus gracieux et le plus majestueux, le palmier royal, de grandes plantations de bananiers luxuriants et de nombreux cocotiers également. Le pays était plus plat que vers l'ouest, et bientôt nous traversâmes de vastes étendues de canne à sucre plumeuses. Il y en avait des kilomètres, des lieues, et tous plus grands et plus robustes que la canne que j'ai vue en traversant les terres sucrières de la Louisiane.

Dans le sol noir, profond et merveilleusement fertile, la canne pousse sans souci ni attention. Ici, la canne, une fois plantée, n'a pas besoin d'être replantée pendant vingt ans, et le stock peut être coupé tous les six mois pendant toute cette période. Il n'est pas étonnant que les producteurs de sucre de Louisiane crient à haute voix, car ils doivent replanter leurs racines tous les trois ans et ne peuvent compter que sur deux récoltes de sucre ; tandis que leur canne ne donne pas autant de sucre à la tonne que les récoltes de ces terres cubaines. Les producteurs de sucre des Everglades de Floride ne peuvent pas non plus rivaliser avec la fertilité de Cuba. La limite est de sept ans au plus pour une seule racine, cinq ans est le plus souvent la règle, et la tige n'est guère plus douce que celle de la Louisiane. Les producteurs américains de sucre explorent désormais les terres de Cuba. Je les ai rencontrés de Louisiane, du Texas et de Floride. Ils seront certainement encore plus nombreux.

Pendant de nombreux kilomètres, nous avons traversé ces champs de canne ondulants, passant devant de nombreux villages et des moulins à sucre fumants en activité, des attelages de gros bœufs transportant la canne, des chemins de fer miniatures traînant de longs trains de canne vers les usines, et des milliers d'hommes et de nombreuses femmes travaillant. dans les champs, ceux-ci levaient la tête du travail pour regarder momentanément notre train qui passait en toute hâte.

À une gare, une compagnie de mariage est entrée dans le train ; le marié était vêtu de drap noir, la mariée était vêtue d'un doux tissu blanc, une gracieuse *mantille blanche* de dentelle inestimable tombant sur ses épaisses tresses noires. Leurs amis étaient tous là pour les accompagner et les applaudissaient avec de nombreux *vivas*, *les inondant de riz alors qu'ils entraient dans la voiture, suivis par la masse robuste du père* en soutane qui les avait confectionnés comme un.

Matanzas, qui prétend être la ville la plus saine de tout Cuba, est située à environ cinquante milles presque à l'est de La Havane, face à une magnifique baie et s'étend sur l'embouchure de deux petites rivières dont les vallées verdoyantes s'étendent derrière la ville. La ville est ancienne et s'étend en grande partie le long d'une colline haute, longue et en pente, ou de plusieurs collines, s'étendant en arrière depuis le bras de mer sur lequel elle se trouve. Ici a été réalisée, sous la direction habile du général Wilson, la régénération sanitaire la plus réussie de toutes les villes cubaines. La ville a été égouttée de manière moderne et macadamisée avec soin, et est approvisionnée en abondance en eau la plus pure.

Nous sommes descendus à la gare spacieuse, une structure plus grande et meilleure que toutes celles que j'ai jamais vues à Cuba. Nous nous sommes confiés aux soins d'un *cochero* fauve , qui nous a fait galoper vers le cœur de la ville. Nous avons suivi une longue rue large et plate, traversé un important pont de fer sur la rivière San Juan, fait un virage serré, gravi une pente raide et nous sommes arrêtés devant l'hôtel principal. Voici une petite cour, au fond de laquelle est accroché un portrait grandeur nature de José Marte, le patriote martyr. Nous nous sommes assis dans le *patio* , où les palmiers s'agitaient au-dessus de nous, et du café et de délicieux poissons nous ont été apportés avec un panier d'oranges que même la Floride ne peut pas surpasser. Allumant nos cigares, nous nous promenâmes maintenant dans les beaux jardins espagnols à l'ancienne de la Plaza, disposés avec une symétrie précise et gardés par de basses clôtures en fer posées sur des socles en pierre sculptée, les arbustes à fleurs et de nombreuses plantes en fleurs étant à moitié cachés par le fer et la roche.

UN APERÇU DE MATANZAS

Nous avons visité la cathédrale, un petit édifice à tour carrée en mauvais état, puis nous avons visité le bâtiment complexe et spacieux de l'école publique, maintenant vide pour les vacances, puis nous nous sommes promenés jusqu'au marché où les fruits et les poissons étaient particulièrement abondants ; et nous remarquâmes partout la multitude de Cubains bruns et noirs, car beaucoup de nègres vivent dans les salubres Matanzas.

Puis nous gravissons la longue colline jusqu'à ce que, en arrière de la ville, nous arrivions à une haie de cactus, un portail ouvert, une vieille maison à moitié démantelée. Des voix d'enfants résonnaient alors que nous approchions de la grande place. Un homme aux yeux bleus, au visage ferme et aimable, un peu pincé et pâle, mais animé d'une intention élevée, nous accueillit à la porte. Il avait fait ici un foyer pour les orphelins de mère, la racaille et les déchets des camps *reconcentrado* , que la cruauté et la faim des Espagnols n'avaient pas complètement détruits. L'homme venait de l'Illinois et, avec ses petits moyens, il avait rassemblé ces quelques dizaines d'enfants, tous des petits garçons ici, dans un foyer séparé pour les petites filles là-bas, de l'autre côté de la colline ; Il avait attiré vers lui une compagnie de gentils Cubains, et il fonda ici et entretient avec succès, sans demander aucune aide ni aumône extérieure, ces maisons et ces écoles pour le salut des petits corps et de leurs âmes. Les jeunes sont l'image d'une bonne santé. Leur tarif est le plus simple ; leur instruction avec bonté, leurs heures de jeu longues. Ils grandissent et prospèrent, et un jour seront des hommes et des femmes qui contribueront au destin de Cuba pour le bonheur et non pour le malheur. J'ai regroupé les petits gars et je les ai emmenés avec mon kodak, et je chéris cette photo, en triste contraste avec le groupe de petits garçons mexicains qui ont quitté notre navire à Progresso, tous inconscients de l'esclavage brutal et de la mort qui les attendaient.

Nous avons également visité le beau et simple sanctuaire et la chapelle de Monserrat, érigés par les descendants de ceux qui sont venus à Cuba en provenance des îles Baléares. Ce sanctuaire couronne le sommet d'une colline surplombant la ville. Nous y sommes restés longtemps, contemplant le vaste paysage s'étendant à perte de vue dans des plaines vallonnées vers le sud, avec partout des vues de canne à sucre en train de mûrir, tandis que vers le nord serpentait la vallée fertile d'Ymurri vers les célèbres grottes de Bellmar.

« *Veni aci*, Charley Blue-eyes », nous criaient-ils alors que nous passions dans les rues étroites. Certaines voix possédaient la mélodie cadente de la jeune fille espagnole, mais nous n'avons pas daigné nous retourner, car qui aurait l'audace de nous appeler « Charley aux yeux bleus », nous aimerions le savoir ! De nombreux enfants jouaient le long du trottoir et peu d'entre eux portaient ne serait-ce qu'un bandeau de corail autour du cou. Ils étaient tels que Dieu les avait créés, leur peau bronzée et basanée, douce comme du satin sous l'influence du soleil et de l'air frais. Nous étions réticents à dire adieu à cette charmante ville, et je n'oublierai jamais le charme de son emplacement pittoresque, la perfection de ses rues en macadam lisses, la propreté de ses maisons blanches, bleues et jaunes. Le jaune était la teinte la plus utilisée et appréciée des Espagnols, le bleu est la couleur du patriote cubain. Depuis que l'oppression espagnole a quitté les côtes de Cuba, les villes connaissent une métamorphose constante du jaune au bleu.

Nous nous attardâmes sur le beau pont de fer qui enjambait la rivière San Juan, observant le trafic abondant des eaux au-dessous de nous, composé principalement de bateaux de pêche et de fruits, bien que certains fussent chargés d'un commerce plus volumineux. Dans une petite boutique juste de l'autre côté du pont, nous nous sommes attardés à remplir nos poches de délicieux cigares, moins chers que nos cigares à la maison ; et nous avons laissé le garçon derrière le comptoir prendre une énorme noix de coco dans sa coque verte et avec son grand couteau l'ouvrir et verser la liqueur à l'intérieur. « Lait », on l'appelle, mais c'est plutôt du nectar, et il a rempli deux verres profonds dont nous avons bu le contenu avec beaucoup de contentement.

Les étoiles étaient éteintes à notre retour à La Havane. L'escadre américaine était illuminée de lumières électriques, et seul le sombre mât du *Maine*, dressé au-dessus des eaux calmes, faisait allusion à la dernière provocation à la guerre qui, il y a si peu de temps, a apporté à Cuba la paix et la liberté.

HABILLÉ POUR LE JOUR

XXIII
Cuba—Les terres du tabac de Guanajay—La ville et la baie de Mariel

GUANAJAY, CUBA,

28 décembre.

Il faisait sombre. Par la fenêtre grande ouverte de ma chambre s'infiltrait le doux air matinal des tropiques. Quelqu'un secouait ma porte et criait : « *Hay las seis, Hay las seis.* « Il était six heures. Je devais prendre le train de sept heures pour Guanajay et les fertiles plantations de tabac de Pinar del Rio. Dans la salle à manger spacieuse et aérée, j'étais le premier invité du *desayuno* .

Les chemins de fer de Cuba et les wagons sont encore désuets. Notre voiture doit avoir été fabriquée il y a cinquante ans, avec ses petits sièges en planches dures et ses vitres sans vitres. Le vendeur qui vendait les billets ne parlait pas anglais. J'ai continué à déposer des dollars espagnols jusqu'à ce qu'il me dise « *bastante* » (assez). Plus tard, j'ai découvert que, présumant de mon ignorance et de la foule qui me poussait derrière moi, il avait rassemblé deux dollars de trop, à son profit personnel. Le chemin de fer appartient à des Anglais, bien qu'il soit géré par des Cubains. Nous avons lentement quitté la ville vers l'ouest. Nous avons regardé de hauts murs de pierre, apercevant de temps en temps un jardin par une porte ouverte, puis avons couru entre des jardins maraîchers parfaitement cultivés avec une riche terre noire, dans lesquels de nombreux Chinois travaillaient.

Au-delà des jardins, nous sommes passés devant des bâtiments majestueux et le magnifique parc entourant le palais d'été du capitaine général espagnol, où se trouvent des étangs et des fontaines, des palmiers et des arbustes en fleurs. Tous ces bâtiments appartiennent aujourd'hui à la République de Cuba et seront un jour transformés en terrains de plaisir pour le peuple, tout comme le sont en France les anciens palais et jardins royaux de Versailles et de Fontainebleau. Alors que notre train roulait vers l'ouest, il s'est progressivement approché d'une chaîne de collines, où se trouvent maintenant de nombreuses fermes d'ananas, produisant des ananas qui font rougir la petite plante de Floride : grosses, succulentes et juteuses. Un jeune homme de Boston était assis à côté de moi. Il cherchait des terres à ananas. Il avait l'intention d'abandonner la neige et la glace de la Nouvelle-Angleterre. Il achèterait une plantation et s'installerait et vivrait à Cuba, où, grâce à Dieu, le fléau des glaces n'arrive jamais, où l'homme n'a qu'à planter et où la nature fait le reste en abondance. Nous avons traversé de nombreux vergers d'orangers, de citronniers, de tilleuls et de manguiers que les Espagnols n'avaient pas réussi à détruire. Leurs branches étaient lourdes de fruits jaunes, dorés et mûrs. Ici, où les gelées ne sont pas à craindre, de nombreux Floridiens gelés sont maintenant arrivés ou sont en route. L'orange de Cuba est douce, juteuse et succulente, et un jour les Américains les cultiveront ici et les vendront à New York, récupérant ainsi l'argent qu'ils ont perdu en Floride. Au fil de notre passage, nous avons traversé de nombreuses plantations sucrières, autrefois cultivées, aujourd'hui abandonnées. Les cheminées noires et en ruine et les murs délabrés de leurs usines étaient des témoins éloquents de la dévastation et de la guerre. Mais les petites fermes semblaient prospères. À côté de chaque habitation se trouvait généralement un bosquet de plantains et de bananes. Ces derniers, généralement à la peau fine et parfumés, sont aussi petits que deux doigts et très délicieux. Un jeune couple plante une bananeraie lorsqu'il s'installe comme ménage et a ensuite des bananes à portée de main toute sa vie.

Dans de nombreuses maisons, nous avons vu le drapeau cubain flotter au sommet du bâton. « *Cuba Libre* » est dans le cœur de tous ces ruraux. J'ai dit à un compagnon de voyage cubain que j'avais moi aussi hissé ce drapeau, le premier à le faire dans mon État, et il m'a ensuite traité comme un frère. J'avais touché son cœur. Nous avons croisé un ruisseau profond et large, coulant avec une marée claire et pleine. C'est le débordement de la merveilleuse source qui fournit son eau à La Havane. Une rivière à part entière jaillit du sol. La Havane l'a endigué, l'a bridé et, par d'immenses canalisations, transporte son flot abondant et translucide dans ses rues et ses maisons, fournissant à la multitude une eau fraîche, douce et pure. Quelques kilomètres plus loin, nous vîmes une autre rivière plonger brusquement dans les entrailles de la terre. Plein et débordant, il coule, puis disparaît d'un seul coup pour toujours dans un trou mystérieux. Les Espagnols ont élevé ici une chapelle et dressé une grande croix, car cette caverne engloutissante ne doit-elle pas être une des portes de l'enfer ? Et quoi de plus sûr qu'une maison de Dieu pour effrayer le diable !

Nous sommes maintenant au milieu de certaines des plus belles terres de tabac du monde. Cette partie de Cuba est fondée sur un récif de corail. La chaux du corail a ici imprégné le sol. Rouge et chocolat et brun-noir, la terre contient exactement les ingrédients chimiques dont le tabac a besoin. Aucune autre terre n'a encore été trouvée comme celle-ci, et aucun autre tabac ne pousse avec la même qualité de feuille parfumée. Tout le monde veut ce tabac cubain. Le gouvernement français fabrique et vend des cigares et des cigarettes et en tire d'importants revenus. Les Allemands veulent aussi les terres du tabac cubaines, et l'entreprenant américain compte bien en avoir tôt ou tard sa part. Que ressentiriez-vous, mon frère fumeur, de pouvoir savourer un délicieux cigare de La Havane, le rouler entre vos lèvres et respirer le parfum de sa fumée, le tout pour le prix de trois cents ou peut-être d'un nickel ? Les Américains acquièrent discrètement la plus grande superficie possible des terres à tabac de Cuba. Ces terres sont principalement détenues en petites fermes de quatre ou cinq acres, chacune exploitée par une seule famille, qui consacre toute son attention à la plantation des graines, à la culture, au séchage des feuilles et même à la fabrication finale. du cigare fini. Ils vendent les cigares à leur porte, ou les emmènent en ville et les vendent aux marchands, qui les achètent, les apposent ensuite sur leurs propres étiquettes et les placent sur le marché. Nulle part aux États-Unis la nature ne permettra à une feuille de tabac de rester sur la plante jusqu'à ce qu'elle soit complètement mûre ; on a trop peur du gel. Mais à Cuba, la feuille reste accrochée à la tige au soleil jusqu'à ce qu'elle atteigne le degré de maturité qui assure le ton et la saveur les plus parfaits. Il ne peut donc y avoir aucun autre tabac comme celui de Cuba, car nulle part sur terre il n'est dit que le sol, le climat et le savoir-faire humain se combinent si bien et si complètement pour rendre le produit parfait. Il y a trois îles de la mer où le sol est riche et fertile au-delà de toutes les autres terres ; l'île de Java, propriété des Hollandais ; l'île de Luzon, chef des Philippines, et l'île de Cuba. Et dans ce seul produit, on prétend que Cuba les surpasse tous.

LE LONG DE LA ROUTE MILITAIRE, UN ARBRE CEIBA

Nous avons quitté le train à Guanajay, autrefois une ville de tabac importante, puis détruite et dévastée par la guerre, incendiée et ravagée, et qui retrouve maintenant sa vie et sa vigueur. Ici, nous avons pris une voiture découverte et nous sommes dirigés vers Mariel, sur une noble route d'une largeur de soixante pieds, entièrement macadamisée et bordée de fossés, une route militaire espagnole, autrefois bordée et ombragée d'arbres gigantesques et ombragés ; désormais dépourvue de cette magnifique frontière à cause de la guerre. Les soldats espagnols les abattirent, de peur que çà et là un insurgé ne se cachât. La route serpentait sur une ligne de collines basses, puis descendait vers la mer. Le long de la crête, par intervalles, on voyait encore les « blockhaus » de la Trocha espagnole occidentale. Mon ami, le capitaine Reno, à mes côtés, avait été officier de l'armée insurgée. Volontaire américain, au sang plein de globules rouges, il a servi tout au long de la lutte révolutionnaire, combattant les Espagnols juste pour le plaisir de la guerre. Il a traversé cette Trocha avec Gomez lors de son fameux raid. Les soldats espagnols se cachaient dans leurs maisons et tiraient depuis leurs meurtrières. Mais Gomez et Reno ont abattu les barrières grillagées, ont traversé et ont osé pénétrer dans la banlieue de La Havane. La superbe route serpente progressivement vers la baie de Mariel. Sur notre chemin, nous avons croisé une nouvelle voie ferrée en construction par les Américains, retournant à un lac asphalté ; Mariel sera leur port, la baie leur port.

Près de nous, sur la gauche, se trouvait une autre colonie américaine, un groupe d'Occidentaux venus à Cuba pour y rester. La baie de Mariel, à côté de celle de La Havane, est le plus beau port de la côte occidentale. A son entrée, au sommet d'un récif, se trouve le navire de guerre espagnol *Alphonse XII* , chassé sur les rochers par les canons de la marine américaine. On dit que le long des rives de cette magnifique baie se développera le Newport de Cuba. Nulle part il n'y a d'eaux aussi bien protégées, nulle part il n'y a de panorama aussi pittoresque. Ici, vous voyez des palmiers royaux, des cocotiers et des dattiers, des champs de canne à sucre et des bosquets de bananes, d'oranges et de grenades, puis la mer écumante et agitée au loin. Au coin d'une rue ombragée, au bord des eaux bleues de la baie, nous nous arrêtons devant une modeste maison sans peinture. Nous y rencontrâmes une femme aux yeux clairs et au visage doux, une dame de Caroline du Nord, une Miss Edwards, qui vint à Cuba, après que les démons de Weyler eurent fait leurs tristes ravages, et rassembla un petit groupe de jeunes filles affamées. et ici leur a donné une maison – quarante ou plus d'entre eux. Elle ne demande aucune aide extérieure. Elle dépense ses petits moyens. Les habitants de la ville, avec leur cœur impitoyable espagnol, ne comprennent pas pourquoi elle fait une chose si étrange que de ramasser et de soigner la sale progéniture des vagabonds mourants et morts. Mieux vaut laisser mourir une telle portée, disent-ils. Elle nous a dit qu'elle était très seule, que même les bonnes gens de Mariel la traitaient avec méfiance. Si elle était un fonctionnaire du gouvernement, ils pourraient comprendre, mais ils ne peuvent pas comprendre comment ni pourquoi quelqu'un devrait prendre autant soin des rebutés et des animaux errants, tout cela pour le bien de l'humanité de notre Seigneur.

Nous avons passé la nuit à Guanajay dans une vieille auberge espagnole, très délabrée, en partie à cause du temps, en grande partie à cause de la guerre. Nous avons pris notre repas du soir dans une chambre spacieuse et haute, assis à une longue table. La compagnie était principalement composée de planteurs de tabac et d'un ou deux batteurs cubains, tandis que juste devant nous étaient assis un marquis espagnol et sa femme avec leur gouvernante anglaise pour les enfants. Ils étaient en visite à Cuba pour inspecter les plantations sucrières ancestrales et sont arrivés d'Espagne la semaine précédente seulement. Ils traitaient la société avec une indifférence hautaine et ignoraient la pauvre Anglaise comme si elle était socialement complètement hors de leur sphère. Ils se servaient eux-mêmes et parlaient aux enfants, tandis que la gouvernante se nourrissait ou se privait. Cela m'a rappelé cette époque médiévale dont on parle, où le prêtre résidant dans le château du seigneur était assis à une table dans la salle des domestiques. Nous veillions à ce que la jeune Anglaise reçoive toutes les attentions, le marquis nous lançant des regards furieux lorsque nous passions un plat à la gouvernante plutôt qu'à sa femme. Une fois le repas terminé, les deux hommes quittèrent la salle à manger d'un air noble, laissant la gouvernante nous sourire en échange de nos politesses prononcées, momentanément rendues heureuses, pour la première fois peut-être depuis de nombreux mois.

LA BAIE DE MARIEL

Dans la soirée, nous avons visité la grande école réformée pour garçons, qui a été créée par les autorités militaires de notre gouvernement pour prendre soin des orphelins que la cruelle politique de reconcentration de Weyler a *privés* de leurs amis et parents. Les enfants semblaient bien nourris et satisfaits, et le courtois gouverneur, un major de l'armée, nous assurait qu'ils prospéraient et apprenaient, ne causaient que peu de problèmes et leur promettaient de devenir de bons hommes et de bons citoyens. C'est dans ce genre de choses, la maison pour les petits garçons près de Matanzas, la charité de Miss Edwards à Mariel pour s'occuper des petites filles orphelines, la charité de notre gouvernement pour pourvoir si généreusement à ces garçons, que l'on voit la différence. dans l'esprit de la civilisation américaine, de l'impitoyabilité dure et insensible de l'Espagne. L' Espagnol et le Cubain prennent soin des leurs avec tendresse, mais ils regardent avec indifférence la souffrance des autres et ne comprennent pas non plus pourquoi ils devraient lever le petit doigt pour aider quelqu'un en dehors du cercle étroit de leur propre famille ou de leur milieu social.

Nous avons également fait appel à un homme grand, maigre et au visage ensoleillé, qui consacre sa vie à ces gens en tant que missionnaire de l'Église congrégationaliste. Il est originaire du Massachusetts, un homme instruit qui prêche couramment en espagnol et dont les travaux ont rencontré un succès extraordinaire auprès de la population cubaine de Key West. Il a maintenant été transféré à Guanajay et crée déjà une profonde impression dans une communauté qui n'a jamais connu auparavant qu'un prêtre romain indifférent.

Les conditions religieuses de Cuba sont particulières, me dit-on. Les évêques et le sacerdoce de l'Église romaine ont été fournis par l'ancienne Espagne depuis des temps immémoriaux. Les moutons noirs de l'Église ont trouvé ici asile. Touchant leurs salaires, s'inquiétant en exil, ces vauriens de la mère patrie se sont peu souciés et ont fait moins du bien-être spirituel de leurs troupeaux. Guanajay est réputée pour être une communauté parmi les plus obscurcies spirituellement de tout Cuba. Il n'est donc pas étonnant que les méthodes actives et éclairantes de M. Frazier soient considérées par ceux parmi lesquels il exerce actuellement son ministère. Les femmes viennent lui demander réconfort et conseils, les enfants viennent en masse à son école de chant et l'école du dimanche, l'après-midi, est remplie de vieux et de jeunes qui viennent le voir après les heures de messe. Même le prêtre *local* trouve cet étrange hérétique est un compagnon si agréable qu'il vient fréquemment partager un cigare et des potins de l'époque. Si les Américains veulent faire une impression spirituelle sur cette population latino-catholique de Cuba, ils ne le feront qu'au moyen de méthodes personnelles intelligentes et sympathiques telles que celles employées ici. Un simple ecclésiastique protestant superficiel ne fait aucune impression sur ces peuples latino-catholiques.

Le dimanche matin, nous nous sommes levés alors que les étoiles brillaient encore, avons trouvé une tasse de café pour notre *desayuno* dans un petit restaurant de l'autre côté de la rue et, à cinq heures, nous étions de nouveau dans les voitures en direction de La Havane.

Le pays que nous avons observé est tout aussi beau que la région plus plate, mais pas plus fertile, autour de Matanzas, et j'ai senti que les nombreux Américains que nous avons rencontrés partout, cherchant tous des terres à acheter et à demeurer, sont en quête heureuse. Ils entrent dans l'un des véritables jardins de la terre et beaucoup d'autres de mes compatriotes les suivront sûrement.

XXIVe
mascotte du bateau à vapeur

Bateau à vapeur *Olivette* , entre La Havane et Key West,

31 décembre.

On apprend à se lever tôt dans ces terres tropicales. La *sieste de midi* nous offre ici le repos auquel nous avons coutume de prétendre au petit matin. J'ai facilement pris l'habitude. Rester au lit est devenu un fardeau. Je bouge de bonne heure, comme tous les autres. Et j'ai sommeil aussi vers midi, et j'ai plutôt tendance à faire une sieste lorsque la chaleur est la plus intense. Je me souviens qu'il y a deux ans, en revenant de France, la seule cabine que j'ai pu obtenir sur le *Wilhelm der Grosse* était déjà en partie occupée par un gentleman du Mexique. Je doutais qu'il soit agréable de côtoyer un inconnu, mais je n'avais pas le choix, alors j'en ai profité. Il avait la couchette supérieure, je dormais en dessous. Mais quoique nous ayons passé une semaine en mer, je ne l'ai jamais vu, et je ne sais pas aujourd'hui qui c'était. Je dormais avant qu'il ne se réveille. J'étais encore endormi quand, à l'aube, il s'est évanoui pour arpenter les ponts. Il faisait sa *sieste de midi* lorsque je profitais du soleil de midi ou que je me reposais sur mon transat. Je me suis alors interrogé sur l'habitude persistante qui le faisait quitter un lit confortable presque avant la fin de la nuit. Maintenant, je comprends ses voies, et si je devais voyager vers la mer demain, je me lèverais avec l'aube. Hier matin, je m'étais levé à quatre heures et j'avais pris mon *desayuno* à une heure où ceux qui sont à la maison sont plongés dans le sommeil.

L'ÉPAVE DE L'ALFONSO XII

Du jour au lendemain, une grande tempête s'est levée. J'ai essayé de me renseigner à l'hôtel sur la météo, mais à La Havane, les bulletins météorologiques ne sont pas connus. L'employé espagnol de l'hôtel m'a souri avec condescendance pour avoir posé une question aussi stupide que : « Une tempête est-elle susceptible de venir du nord ou du sud, ou de n'importe où ? et quel genre de journée aurons-nous demain ? S'inclinant poliment, il s'adressa à son compagnon espagnol d'une voix ricanante, puis, dans un anglais approximatif, il me dit : « Je n'ai jamais entendu même un Américain poser une question pareille, *Señor*. Comment savons-nous quel temps il fera ? C'est Dieu qui fait le temps, *Señor*, pas vous ou moi. Et ils me sourirent tous les deux avec un mépris hautain. Ils m'ont pris pour un imbécile. Seul un imbécile prétendrait se demander ce que la Providence pourrait nous réserver. Voilà pour le Bureau météorologique et l'Espagnol pourtant médiéval !

Lorsque nous quittions le port quelques heures plus tard, une grande mer soulevait de gigantesques brisants au-dessus des remparts d'El Moro. Nous avons plongé dans la fureur d'un vent du Nord, qui s'est avéré être l'un des vents les plus violents de l'hiver. J'aurais peut-être retardé le départ d'un jour ou deux si je l'avais su, mais l'ignorance espagnole m'a envoyé sur un petit bateau laborieux pour parcourir les dangereux quatre-vingt-dix milles à travers le détroit face à une telle tempête.

Après mon petit-déjeuner, un garçon de hall espagnol de l'hôtel avait descendu péniblement les escaliers successifs avec ma valise. Normalement, nous aurions pris le nouvel ascenseur électrique, mais la société américaine qui l'a récemment installé a rappelé ses experts, et l'Espagnol censé le faire fonctionner à leur place a immédiatement mis la machine hors service. La cage pendait maintenant fermement à mi-hauteur du puits en attendant l'habileté américaine pour la faire bouger.

Une des nombreuses *cochas* stationnées devant la *loggia* de l'hôtel me conduisit bientôt au quai de Caballerio, pour y faire tamponner mes malles et mes sacs des certificats des agents sanitaires du port, et les contrôler pour le voyage à Tampa. Et puis je suis allé dans une petite boutique d'oiseaux de la rue Obispo, et j'ai pris soin d'un perroquet astucieux, que j'avais acheté la veille, un oiseau ramené de l'île des Pins, au corps vert, à la tête blanche, à la gorge rose. . Elle s'appelle Marie et hier elle m'a parlé longuement et fort en espagnol. Avec elle, j'ai également acheté une paire de jolis tourtereaux. Peut-être puis-je vous dire que la Marie avec laquelle nous sommes arrivés en Floride ne parlait pas espagnol et que le couple de jolies perruches, au lieu d'être des compagnons aimants, s'est avéré être deux mâles combattants. Mais tout cela, je ne l'ai appris qu'à plusieurs lieues de la *señora aux yeux doux* qui me les vendait dans la petite boutique de la rue Obispo.

Notre bateau s'appelait la *Mascotte* , et c'était bien qu'il soit ainsi baptisé, car les vagues violentes mettaient sa navigabilité à l'épreuve. Le Nord qui déchaîna sa fureur sur les côtes du Yucatan ne souleva pas une mer aussi furieuse que celle qui combattit les courants du détroit de Floride.

La plupart de nos passagers étaient des Cubains qui allaient travailler dans les usines de tabac de Key West. C'était apparemment leur première expérience de la mer. Ils remplissaient les ponts avant, et leur compagnie était gaie et animée alors qu'ils agitaient leurs *adios* à leurs amis criant à terre. Les eaux tumultueuses nous ont attrapés avant même que nous quittions la baie. Nous sortions morts sous le vent, et le petit bateau tanguait jusqu'à se dresser presque sur la tête, et roulait comme si ses plats-bords allaient être à chaque fois inondés. Nos Cubains perdirent bientôt la parole, puis le petit-déjeuner, et se retrouvèrent enfin seuls dans la peur. Ils étaient à peine rétablis lorsque nous nous dirigeâmes vers la longue jetée de Key West, et ne retrouvèrent leur gaieté que lorsque leurs jambes furent fermement ancrées sur la terre.

Key West compte une population latino-cubaine plus importante que celle des Amérindiens, et la parole sonore en espagnol tombe plus fréquemment à mon oreille que l'anglais ; pourtant, je vois les étoiles et les rayures flotter au-dessus de moi et je me connais chez moi.

Mon voyage à travers le Mexique et Cuba touche à sa fin et je retourne aux États-Unis. Je ressens maintenant à nouveau le même choc de transition qui m'a tant ému lorsqu'il y a quelques semaines j'ai traversé le Rio Grande et suis entré au Mexique. Depuis de nombreux jours, j'ai vu et ressenti la puissante ténacité d'une civilisation plus ancienne que la mienne ; une civilisation autrefois dominante sur le monde et toujours hautaine et affirmée, qui a engendré un seigneur de guerre arrogant et un esclave servile, qui a exalté quelques-uns et écrasé le plus grand nombre, et qui aujourd'hui, tout en applaudissant et en assumant les habillages extérieurs de la démocratie, conserve pourtant en dessous la chair et le sang de l'individualisme despotique ; une civilisation, néanmoins, marquée par la plus haute appréciation de tout ce qui fait appel aux sens les plus fins dans la splendeur des rituels religieux, dans la sensualité de l'art et dans la grâce et l'ornement de l'architecture ; en musique et en belles-lettres.

J'étais venu préparé au règne magistral de Diaz, mais je ne pensais pas aux nombreuses villes mexicaines bien ordonnées et bien construites. La découverte que les principes de propriété municipale des services publics avaient été appliqués avec succès des siècles avant que Chicago, San Francisco et New York ne débattent de leurs problèmes, m'est venue comme une révélation, et quand j'ai vu les nobles villes du Mexique, de Toluca , de Morelia, de San Louis Potosí, de Monterey et bien d'autres, donnant pendant trois cents ans de l'eau gratuite et une illumination gratuite à leur peuple, et tout au long de ces siècles ornés de parcs bien entretenus où fleurissaient des fleurs, coulaient des fontaines artistiques et de la musique. joué, pour le libre plaisir du péon le plus pauvre aussi bien que du grand millionnaire, j'étais obligé de me demander si l'Américain pratique et qui gagne de l'argent ne pourrait pas après tout prendre des leçons de son frère latin du Sud.

Le romantisme des débuts de l'histoire du Mexique, le travail et le triomphe de Montezuma et Malinche, du teocali païen et de la croix chrétienne, ont éveillé mon imagination et éveillé mon intérêt au plus haut point, tandis que le progrès actuel du peuple mexicain, l'éclairage de ses dirigeants, de la noblesse les efforts qu'elle a faits et qu'elle fait maintenant pour suivre le cortège du progrès humain ont excité ma sympathie.

Je n'ai pas non plus cessé de m'émerveiller devant les dons géographiques et climatiques extraordinaires que la nature a si généreusement accordés à cette terre privilégiée ; un pays où tous les climats, depuis les chaleurs du Yucatan jusqu'aux airs frais du Québec, sont réunis dans le cadre d'un voyage d'une seule journée ; où les tropiques foisonnants et les hautes terres fertiles déversent leur fécondité au profit de l'homme ; là où, seul sur le continent nord-américain, la nature bienfaisante a présenté des conditions qui ont permis à l'humanité de développer une civilisation indigène de type avancé ; - sur ces plateaux existaient des villes de pierre et de mortier bien construites des siècles avant que Cortez et les Espagnols n'y mettent le pied. ses rivages ; ici, une agriculture prospère a prévalu dans une continuité ininterrompue pendant mille ans ; ici les métaux précieux ont été extraits et travaillés par l'homme pendant d'innombrables siècles ; et sur ces hautes terres salubres, à plus d'un mile au-dessus de la mer, sous l'ombre des Sierras aux sommets enneigés, l'homme a développé, et peut encore développer, la plus haute énergie des zones tempérées.

J'avoue que, malgré mes connaissances générales, je suis pourtant entré au Mexique ignorant, tristement ignorant, de l'une des parties les plus splendides du domaine terrestre, et bien que mes aperçus de ce grand pays aient été nécessairement limités et partiels, j'ai pourtant vu assez de ses richesses minières et agricoles, la solidité et le confort de ses villes, la vigueur et l'intelligence de son peuple, pour m'assurer que la République du Mexique est destinée à être un facteur non négligeable dans la promotion du progrès du monde, ainsi que du futur l'augmentation des richesses et du pouvoir de la République sœur dans laquelle j'habite.

KEY WEST LIGHT, L'EXTRÉMITÉ SUD DES ÉTATS-UNIS

Mon aperçu passager de Cuba, « Perle des Antilles », ne m'a pas non plus émerveillé par la fertilité abondante qui en fait un véritable jardin, et par le charme de son climat, exempt de tout gel, mais tempéré. assez, au milieu des brises rafraîchissantes des mers environnantes, pour en faire le foyer des races blanches qui s'accrochent à leurs énergies primitives bien que sous les tropiques. Tandis qu'en imagination je la vois, à une date proche, prendre fièrement sa place parmi la galaxie des États de la grande République du Nord et rivaliser avec les plus splendides d'entre eux en opulence et en puissance.